AI와 자금 세탁 방지

AI문고

인공지능 시대입니다. 기계가 인간의 인지를 대신하고, 사물이 인간을 통하지 않고 다른 사물과 직접 커뮤니케이션합니다. 이에 따른 인간 삶과 문명 변화를 정확히 이해 · 예측 · 대응하는 것은 이 시대 우리 모두의 과제입니다. AI문고는 인공지능 기술과 환경의 여러 주제를 10가지 키워드로 정리합니다. 관련 개념과 이론, 학계와 산업계의 쟁점, 우리 일상의 변화를 다룹니다. 인간과 기술의 현재, 미래를 세심히 분석합니다.

일러두기

- 인명, 작품명, 저서명, 개념어 등은 한글과 함께 괄호 안에 해당 국가의 원어를 병기했습니다.
- 외래어 표기는 현행 어문규정의 외래어표기법을 따랐습니다.

처음이세요?

전문가세요?

AI와 자금 세탁 방지

임명수

대한민국, 서울, 커뮤니케이션북스, 2025

AI와 자금 세탁 방지

지은이 임명수
펴낸이 박영률

초판 1쇄 펴낸날 2025년 9월 15일

커뮤니케이션북스(주)
출판 등록 2007년 8월 17일 제313-2007-000166호
02880 서울시 성북구 성북로 5-11
전화(02) 7474 001, 팩스(02) 736 5047
commbooks@commbooks.com
www.commbooks.com

ISBN 979-11-430-0840-4 03500

책값은 뒤표지에 표시되어 있습니다.

차례

인공지능과 AML·CFT의 만남, 새로운 패러다임의 서막 xi

01 AI와 금융 범죄 대응의 전환점 1
02 AML·CFT의 개념과 규제 환경 9
03 AI 기술의 이해 17
04 AI를 활용한 AML·CFT 핵심 기술 25
05 AML 실무에서의 AI 적용 과제와 한계 33
06 제도적·정책적 대응 방향 43
07 국내외 금융 기관의 AI 기반 AML 도입 사례 53
08 AI와 AML·CFT의 윤리·거버넌스 과제 67
09 미래 AML·CFT 기술과의 융합 전망 77
10 글로벌 협력과 표준화를 통한 AML·CFT의 미래 구축 85

인공지능과 AML·CFT의 만남, 새로운 패러다임의 서막

자금 세탁 방지(AML, Anti-Money Laundering)와 테러 자금 조달 방지(CFT, Combating the Financing of Terrorism)는 오랫동안 국제 금융 규제의 핵심 축으로 작동해 왔다. 그러나 오늘날 이 영역은 단순한 규제의 문제가 아니라, 전 세계 금융 시스템의 투명성과 안정성, 그리고 사회 전체의 법치 구조에까지 직접적인 영향을 미치는 중대한 리스크 요인으로 부상하고 있다. 자금세탁방지기구(FATF, Financial Action Task Force)의 추산에 따르면, 매년 최대 2조 달러에 달하는 불법 자금이 금융망을 통해 세탁되고 있으며, 이는 마약 거래, 무기 밀매, 부패, 인신매매 등 중범죄와 직결되는 자금 흐름과 맞닿아 있다.

이러한 위협에 대응하기 위해 각국은 다양한 AML · CFT 제도를 도입해 왔지만, 전통적인 규칙 기반(rule-based) 시스템은 갈수록 복잡해지고 지능화되는 금융 범죄의 진화 속도를 따라잡지 못하고 있다. 수많은 금융 기관들이 여전히 사후 대응적 방식에 의존하고 있으며, 탐지 정확도는 낮고 오탐률(false positives)은 높아지고 있다. 그 결과, 금융 기관 내부의 운영 부담은 가중되고 있으며, 감독 당국과의 마찰도 끊이지 않는다. 더욱이, 가상 자산, 다국적 거래, 비대면 서비스 등 새로운 금융 형태가 급속히 확산되면서 기존 시스템의 한계는 더욱 뚜렷하게 드러나고 있다.

이런 배경에서 최근 인공지능(AI)의 등장은 AML · CFT 분야에 근본적인 전환점을 제시하고 있다. AI는 과거의 시스템이 감지하지 못했던 비정형적이고 복합적인 거래 패턴을 식별할 수 있는 능력을 제공하며, 특히 대용량의 거래 데이터를 실시간으로 분석해 이상 거래를 탐지하는 데 뛰어난 성능을 보인다. 이를 통해 단순히 업무 자동화 수준을 넘어, 고객 보호와 리스크 관리를 동시에 강화할 수 있는 새로운 가능성이 열리고 있는 것이다.

오늘날 금융 환경은 디지털화, 비대면화, 탈중앙화라는 거대한 흐름 속에 있다. 고객은 다양한 플랫폼에서 자유롭게 금융 활동을 이어 가고 있으며, 금융 기관은 전통적인 기능을 넘어 세무, 보험, 데이터 분석 등 새로운 영역과의 융합을 추구하고 있다. 이와 동시에 금융 범죄 역시 빠르게 진화하고 있다. 범죄 조직은 디지털 전환의 틈을 활용해 새로운 수법으로 거래 흐름을 위장하고 있으며, 이로 인해 거래의 구조는 더욱 복잡하고 불투명해지고 있다. 반면 규제 당국은 강도 높은 AML · CFT 규제 도입을 서두르고 있고, 과징금과 제재 사례 역시 점차 늘어나고 있다.

이러한 상황 속에서 AI는 기존 AML 체계의 한계를 보완하는 가장 유력한 대안으로 떠오르고 있다. AI는 변화하는 거래 패턴과 고객 행동을 스스로 학습하고 적응하는 능력을 지니고 있어, 기존의 규칙 기반 접근 방식이 갖는 경직성과 비효율을 극복할 수 있는 잠재력을 지닌다. 특히 머신 러닝과 딥 러닝, 자연어 처리(NLP, Natural Language Processing), 그래프 신경망(GNN, Graph Neural Networks) 등 AI 기술은 의심스러운 거래를 보다 정밀하게 탐지할 수 있으며, 반복적이고 규칙 기반의 작업들을 자동화하는 데도 적합하다.

AI 기반 AML은 단순히 자동화를 의미하지 않는다. 이는 통계학적 분석을 비롯해 고객 위험 평가(Customer Risk Rating), 사기 행위 탐지, 고객 식별 및 심사(KYC/CDD), 보고서 생성 자동화 등 금융 기관의 AML 업무 전반에 걸쳐 기술적 진화를 가능하게 하는 접근이다. 예전에는 의심 거래 보고서(STR, Suspicious

Transaction Report)의 판단이 직원의 직관과 경험에 의존하는 경우가 많았다면, 이제는 AI가 거래의 흐름과 맥락을 정량적으로 분석하고, 고객의 이력과 행태를 종합적으로 해석함으로써 판단의 일관성과 정확성을 높일 수 있게 되었다.

더불어 AI는 '설명 가능 AI(XAI)'로 새로운 기능적 요구에 부응하고 있다. 금융 기관은 감독 당국, 내부 감사, 외부 평가 기관에 자신들의 판단 기준과 위험 탐지 과정을 명확히 설명해야 하는데, 이때 AI 모델이 스스로의 판단 과정을 설명할 수 있는 능력은 핵심 경쟁력이 된다. 그러나 동시에, AI의 오탐률 관리, 데이터 편향성, 알고리즘의 투명성 같은 윤리적 문제 또한 새로운 과제로 등장하고 있다. 기술을 도입하는 것만으로는 충분하지 않으며, 이를 제어하고 책임 있게 운용할 수 있는 체계적 환경이 병행되어야 한다.

책의 구성

이 책은 이러한 문제의식에서 출발해, 인공지능 기술이 AML · CFT 시스템의 한계를 어떻게 극복할 수 있을지, 그 과정에서 어떤 기술이 실질적으로 사용되고 있으며, 규제, 윤리, 설명 가능성의 문제는 어떻게 다뤄야 하는지를 종합적으로 조망하고자 한다. 특히 중소 금융 기관이 현실적인 조건 속에서 AI를 어떻게 도입할 수 있을지에 대한 실천적 지침도 함께 제공한다.

2장에서는 AML · CFT의 개념과 전통적인 규제 체계의 작동 방식을 정리하고, 현 시스템이 직면한 구조적 한계를 진단한다.

3장에서는 인공지능 기술의 주요 개념을 소개하고, 이러한 기술이 금융 영역에 어떻게 적용되고 있는지를 다양한 사례와 함께 설명한다.

4장에서 7장까지는 AI가 실제로 AML의 다양한 기능적 영역－의심 거래 탐지, 고객 심사, 고객 위험 평가, 사례 기반 탐지－에 어떻게 적용되고 있는지를 분석하고, 각각의 기능별 특징과 기술적 고려 사항을 상세히 다룬다.

8장과 9장에서는 AI 도입 과정에서 필연적으로 제기되는 윤리적 · 법적 쟁점을 짚고, 가상 자산 등 신흥 영역과의 기술 융합 가능성을 고찰한다.

마지막 10장에서는 AML의 국제 표준화와 협력 방안에 대해 논의하며, AI 기반 AML 체계가 장기적으로 지속 가능하려면 어떤 정책과 시스템이 뒷받침되어야 하는지를 설계한다.

결국 이 책은 기술의 잠재력을 맹목적으로 추종하는 기술 낙관주의를 경계하며, AML이라는 규범적 체계 속에서 AI라는 도구가 얼마나 정밀하고도 책임 있게 작동할 수 있는지를 중심으로 논의를 이끌어 간다. 독자들은 이 책을 통해 단순한 기술 지식이나 시스템 구축의 가이드를 넘어, 인공지능과 금융 규제의 접점에서 요구되는 전략적 시각과 깊이 있는 통찰을 함께 얻게 될 것이다. 이 책이 AML 패러다임의 전환기를 통과하고 있는 금융기관과 규제 기관, 기술 제공자 모두에게 의미 있는 참고서가 되기를 바란다.

용어 정리

다음은 이 책에 등장하는 핵심 용어들과 영문 약어에 대한 정리다. 이 용어들은 기술, 규제, 금융 현장에서 모두 핵심 개념으로 통용되며, 책의 이해와 응용을 위해 반드시 숙지되어야 하는 내용이다.

자금 세탁 방지(AML, Anti-Money Laundering)

AML은 '자금 세탁 방지'를 뜻하며, 범죄 수익을 합법적인 자금처럼 위장해 금융 시스템에 유입되는 것을 막기 위한 전 세계적 규제 체계다. 마약, 부패, 무기 밀매 등의 범죄 활동으로 발생한 자금이 금융 거래를 통해 정당한 소득으로 변모되는 것을 차단하고자 한다. AML은 금융 기관의 고객 확인(KYC), 거래 모니터링, 의심 거래 보고서(STR) 등의 일련의 절차로 구성된다.

테러 자금 조달 방지(CFT, Combating the Financing of Terrorism)

CFT는 테러 활동에 사용될 자금의 흐름을 차단하는 글로벌 규제 메커니즘이다. 테러 자금은 불법 행위뿐만 아니라 비정부기구(NGO) 기부, 해외 송금, 현금 운반 등 합법적인 형태로도 조달될 수 있기 때문에, 더 정밀한 탐지 체계가 요구된다. AML과 밀접히 연계되며, FATF 권고 사항에도 함께 포함되어 있다.

인공지능(AI, Artificial Intelligence)

AI는 인간의 지능적 기능, 즉 학습, 판단, 예측, 언어 이해 등을 기계가 수행하도록 설계된 기술이다. AML · CFT 영역에서는 과거 패턴을 학습해 이상 거래를 탐지하고, 고객의 리스크를 평가하며, 의심 행위 보고서(SAR, Suspicious Activity Report) 작성까지 자동화할 수 있는 지능형 도구로 주목받고 있다. 특히 머신 러닝,

딥 러닝, 자연어 처리, 그래프 신경망(GNN) 등으로 세분화된다.

지도 학습(Supervised Learning)

지도 학습은 레이블이 지정된 학습 데이터를 기반으로 AI가 특정 패턴을 학습하도록 하는 방식이다. 과거에 의심 거래로 분류된 사례들을 기반으로 유사한 신규 거래를 사전에 예측하는 데 유용하며, AML 시스템에서 위험 거래 탐지에 흔히 사용된다.

비지도 학습(Unsupervised Learning)

비지도 학습은 라벨이 없는 상태에서도 데이터 내부의 패턴이나 구조를 탐지하는 AI 접근법이다. AML에서는 새로운 자금 세탁 수법이나 비정형 거래 클러스터를 파악하는 데 사용된다. 주로 이상치 탐지와 클러스터링 분석에 활용된다.

딥 러닝(Deep Learning)

딥 러닝은 인공 신경망 기반의 AI 기술로, 대규모 데이터 세트에서 복잡한 패턴을 자동으로 추출한다. 텍스트, 이미지, 시계열 데이터 분석에 특히 강점을 가지며, AML에서는 KYC 문서 분석, 상담 기록 해석, 거래 이상 탐지 등에 적용된다. 대표적으로 CNN(Convolutional neural network, 합성곱 신경망), RNN(Recurrent Neural Network, 순환 신경망), 트랜스포머(Transformer) 모델 등이 활용된다.

그래프 신경망(GNN, Graph Neural Network)

GNN은 노드와 에지로 구성된 그래프 형태의 데이터를 분석하는 인공지능 모델이다. AML 분야에서는 고객과 계좌 간 거래 관계를 네트워크 형태로 분석해 복잡한 자금 흐름에서의 중심 노드, 반복 거래 패턴, 고리형 송금 등을 탐지하는 데 사용된다.

생성 모델(Generative Models)

생성 모델은 실제 존재하지 않는 데이터를 합성할 수 있는 AI 기술로, GAN(Generative Adversarial Networks, 생성적 적대 신경망), VAE(Variational AutoEncoder, 변분 오토인코더) 등이 대표적이다. AML에서는 의심 거래 사례가 드물기 때문에 이를 보완하기 위해 가상의 시나리오를 생성하는 데 활용된다.

강화 학습(Reinforcement Learning)

강화 학습은 환경과 상호작용을 통해 보상 기반으로 학습하는 방식이다. AML 시스템에서는 탐지 임곗값(threshold)을 동적으로 조정하거나, 탐지 비용 대비 효율을 최적화하는 데 응용될 수 있다.

설명 가능 AI(XAI, Explainable AI)

XAI는 인공지능의 판단 기준과 과정이 인간에게 설명 가능하도록 만드는 기술이다. AML 시스템에서는 규제 기관 보고, 내부 감사, 고객 보호 등을 위해 AI의 결정을 '왜 그렇게 판단했는지' 설명할 수 있어야 하므로 필수적이다.

개인정보 보호 기술(PPET, Privacy-Preserving Enhancement Technologies)

PPET는 개인정보를 보호하면서도 분석이나 탐지가 가능한 기술을 통칭한다. 연합 학습(Federated Learning), 동형 암호(Homomorphic Encryption), 차등 프라이버시(Differential Privacy) 등이 포함된다. 외부 데이터와의 결합이 필요한 AML 시스템에서 필수 기술로 부상하고 있다.

고객 신원 확인(KYC, Know Your Customer)

KYC는 금융 기관이 고객의 신원, 사업 목적, 자금 출처 등을 확인하는 절차다. AML · CFT의 출발점으로, 고객의 실제 실체와 리스크 수준을 판단하는 기준이 된다.

고객 신원 확인(CDD, Customer Due Diligence)

CDD는 KYC보다 한 단계 진화한 개념으로, 고객의 리스크 수준에 따라 맞춤형 모니터링을 수행하는 것을 의미한다. 고위험군 고객은 보다 강화된 심사와 추적이 필요하다.

의심 행위 보고서(SAR, Suspicious Activity Report)

SAR는 금융 기관이 이상 거래 또는 의심스러운 행동이 감지된 경우 감독 당국에 제출하는 보고서다. 이 보고서의 품질과 일관성이 AML 시스템의 성능을 좌우한다.

의심 거래 보고서(STR, Suspicious Transaction Report)

STR은 특정 거래 자체에 의심의 여지가 있을 때 보고하는 방식으로, AML 실무에서 가장 핵심적인 보고 행위다.

궁극적 실소유자(UBO, Ultimate Beneficial Owner)

UBO는 기업이나 자산의 실질적인 지배권을 행사하는 최종 당사자를 말한다. AML 제도에서는 명의상 소유자 뒤에 숨겨진 진짜 소유자를 식별하는 것이 핵심이다.

연합 학습(Federated Learning)

연합 학습은 데이터를 중앙에 모으지 않고 각 조직 또는 장치에서 AI 모델을 공동 학습하는 방식이다. 데이터 주권과 보안이 중시되는 AML 환경에 적합하다.

차등 프라이버시(Differential Privacy)

차등 프라이버시는 개인 정보를 보호하면서도 통계적 분석이 가능하게 해 주는 수학적 기술이다. AML 데이터 분석에서 개인정보 보호 법규를 준수하기 위한 방식으로 활용된다.

동형 암호(Homomorphic Encryption)

동형 암호는 암호화된 상태에서 연산이 가능하도록 하는 기술이다. 민감한 금융 데이터를 암호화된 상태로 분석하는 데 필수적인 기술로, AML 시스템의 법적 · 기술적 요건을 충족한다.

머신 러닝 운영(MLOps, Machine Learning Operations)

MLOps는 머신 러닝 모델의 개발, 배포, 유지 보수를 위한 통합 관리 체계다. AML · CFT 시스템에 AI를 적용할 경우, 안정적인 운영을 위해 필수적으로 요구된다.

01
AI와 금융 범죄 대응의 전환점

글로벌 금융 범죄의 확산과 그에 따른 자금 세탁 방지 체계의 중요성을 강조하며, 기존 규칙 기반 시스템의 한계를 지적한다. 디지털 금융 환경의 복잡성과 신종 수법에 대응하기 위해 AI의 도입이 필요하다. AI는 정밀한 탐지와 자동화를 통해 AML의 효율성과 전략성을 높일 수 있지만, 편향성과 설명 가능성 등 새로운 규제 과제를 수반한다. 이에 따라 기술 도입은 단순 적용이 아니라 규제 기관과의 협업 및 윤리적 균형 속에서 이뤄져야 한다.

AI와 1인 창업?

글로벌 금융 범죄의 현황과 위협

전 세계 금융 시스템은 디지털화와 글로벌화에 따라 그 복잡성과 속도가 날로 증가하고 있다. 이러한 변화는 금융 서비스를 보다 편리하고 포용적으로 만드는 동시에, 자금 세탁과 테러 자금 조달을 포함한 금융 범죄의 위험을 비약적으로 증대했다.

국제통화기금(IMF)과 유엔마약범죄사무소(UNODC)의 추정에 따르면 매년 약 2조 달러에 달하는 불법 자금이 글로벌 금융 시스템을 통해 세탁되고 있다. 이는 전 세계 국내총생산(GDP)의 2~5%에 해당하며, 그 규모와 파급력에서 국가 경제와 안보를 위협하는 중대한 문제다. 범죄 수익의 자금 세탁은 마약, 인신매매, 무기 밀매 등 국제 범죄를 지속 가능하게 만들며, 테러 조직의 재정 자금 세탁 방지 기반 형성에도 기여하고 있다.

최근 들어서는 가상 자산, 블록체인 기반 거래, 비대면 금융 플랫폼, 디파이(DeFi, Decentralized Finance, 분산형 금융) 등 새로운 기술 환경이 금융 범죄자에게 새로운 자금 세탁 수단과 은폐 경로를 제공하고 있다. 익명성과 탈중앙성은 전통적인 AML 감시 체계의 시야를 벗어난 영역을 만들고 있으며, 글로벌 거버넌스의 불균형은 이러한 위협을 더욱 가중하고 있다.

AML·CFT의 전략적 의미와 진화

AML과 CFT는 단순한 금융 규제를 넘어 국가 안보, 금융의 건전성, 국민의 경제적 권리를 보호하는 전략적 정책이다. AML · CFT 체계는 금융 기관이 고객을 식별하고, 거래를 모니터링하고, 의심스러운 거래를 보고하고, 고위험 고객군에 대해 차등화된 감시를 수행하도록 요구한다.

하지만 이 체계는 국제적인 신뢰를 얻는 수단이기도 하다. 미국, 영국, 유럽연합(EU), 싱가포르 등 주요국은 AML 시스템의 효율성과 투명성을 외국 금융 기관과의 관계 형성 조건으로 삼고 있다. 자금세탁방지기구(FATF, Financial Action Task Force)의 평가 결과에 따라 국가가 블랙리스트 또는 그레이리스트에 포함되면 외국인 투자, 국제 자금 이체, 통화 안정성 등에 심각한 영향을 줄 수 있다.

금융 기관 입장에서는 AML · CFT는 단지 보고 의무를 수행하는 것을 넘어, 평판 리스크 관리, 제재 회피, 감독 기관 대응을 위한 핵심 경영 요소로 작용한다. 따라서 AML은 법적 의무가 아니라 전략적 리스크 관리 수단으로 진화하고 있으며, 그 효과성과 지속 가능성을 위해 기술적 혁신이 절실한 상황이다.

기존 AML 체계의 한계와 기술 도입의 필요성

전통적인 AML 시스템은 규칙 기반 접근으로 설계되어 있다. 사전에 정의된 규칙에 따라 거래 패턴을 감지하고 필터링하는 방식이지만, 이는 빠르게 진화하는 금융 범죄 패턴에 대해 유연하게 대응하지 못하는 한계를 갖는다. 신종 수법, 다단계 자금 분산, 비정형 거래, 다국적·다채널 간 거래 구조에서는 규칙 기반 시스템이 효과적으로 작동하지 않으며, 정밀도 부족으로 인해 높은 오탐률을 야기한다.

또한, 규정 이행을 위한 인력 비용과 시스템 유지 비용은 금융 기관의 부담으로 작용한다. 규제 기관과 금융 기관 간 기술 이해도의 격차, 법령의 불확실성, 데이터의 파편화는 이 시스템의 지속 가능성에 근본적인 의문을 제기하고 있다.

인공지능의 등장과 AML 혁신의 가능성

AI는 이러한 한계를 극복할 수 있는 결정적 전환점이 되고 있다. 인공지능, 특히 머신 러닝과 딥 러닝 기반의 기술은 대규모 거래 데이터를 실시간으로 분석해 숨겨진 패턴을 탐지하고, 과거의 사례로부터 학습해 예측 모델을 개선하는 능력을 지닌다.

예를 들어, 수백만 건의 일일 거래 중에서도 정상 거래로 위장된 비정상 거래를 식별하거나, 고객의 이력과 거래 행태, 외부 뉴스 및 제재 정보 등을 통합적으로 분석해 실시간 위험도를 평가할 수 있다. 자연어 처리는 텍스트 정보 속에서 의미를 추출해 서류 위조나 기업 소유 구조 위장 사례를 탐지하는 데 기여한다.

AI는 단순한 자동화 도구가 아니라, 탐지의 정밀도와 신뢰도를 높이는 지능형 분석 체계로 기능하며, 고객 위험 평가, STR(의심 거래 보고서) 자동화, KYC(고객 신원 확인) 심화 분석, 내부 통제 체계 개선 등 모든 AML 업무 전반에 파급력을 발휘하고 있다.

기술 도입의 과제와 새로운 균형 모색

AI 기술이 AML을 혁신하는 것은 분명하지만, 기술의 도입에는 새로운 문제들이 수반된다. 알고리즘의 편향성, 설명 가능성 부족, 개인정보 보호와 관련된 법적 충돌, 모델의 블랙박스화는 규제 대응에 새로운 위험 요소로 작용할 수 있다. 실제로 일부 국가에서는 AI 기반 AML 시스템의 결정이 과도하게 기계화되면서 고객 권리 침해 논란도 발생하고 있다.

또한 감독 기관이 기술에 대한 이해도 없이 결과 중심

의 규제를 고수할 경우, 금융 기관은 AI 도입 효과를 충분히 누리지 못하고 형식적인 도입에 그칠 수 있다. 따라서 AI 기반 AML 도입을 위해서는 감독 기관-금융 기관-기술 기업 간의 협업 체계, 표준화된 평가 기준, 설명 가능한 모델 구축, 투명한 데이터 거버넌스가 병행되어야 한다.

참고문헌

Chainalysis(2024). Crypto crime report, https://www.chainalysis.com/blog/2024-crypto-crime-report-introduction

FATF(2022. 개정 2025). FATF recommendations: International standards on combating money laundering and the financing of terrorism & proliferation, https://www.fatf-gafi.org/en/publications/Fatfrecommendations/Fatf-recommendations.html

IMF(2021.10.14). Virtual assets and anti-money laundering and combating the financing of terrorism(1): Some legal and practical considerations, https://www.imf.org/en/Publications/fintech-notes/Issues/2021/10/14/Virtual-Assets-and-Anti-Money-Laundering-and-Combating-the-Financing-of-Terrorism-1-463654

IMF(2021.10.14). Virtual assets and anti-money laundering and combating the financing of terrorism(2): Effective anti-money laundering and combating the financing of terrorism regulatory and supervisory framework—Some legal

and practical considerations,
https://www.imf.org/en/Publications/fintech-notes/Issues/2021/10/14/Virtual-Assets-and-Anti-Money-Laundering-and-Combating-the-Financing-of-Terrorism-2-463657

IMF(2023.12.5). 2023 Review of the fund's anti-money laundering and combating the financing of terrorism strategy—Background papers,
https://www.imf.org/en/Publications/Policy-Papers/Issues/2023/12/05/2023-Review-of-The-Fund-s-Anti-Money-Laundering-and-Combating-The-Financing-of-Terrorism-542020

UNODC(United Nations Office on Drugs and Crime). Money laundering,
https://www.unodc.org/unodc/en/money-laundering/overview.html

02
AML·CFT의 개념과 규제 환경

AML은 범죄 수익을 금융 시스템에 유입시키는 것을 막고, CFT는 테러 자금 조달을 차단하는 규제 체계로, 두 제도는 금융의 투명성과 안전을 위한 핵심 장치다. 자금 세탁은 자금 투입, 자산 세탁, 자금 통합의 세 단계로 이뤄지며 점차 불법성을 은폐해 간다. CFT는 불법뿐 아니라 NGO 기부나 개인 송금 등 합법적 수단까지 포함해 테러 자금을 탐지해야 하며, 최근에는 가상 자산이 새로운 수단으로 악용되고 있다. 기존 시스템은 규칙 기반 탐지 방식의 한계로 인해 오탐률이 높고 실시간 대응이 어려워, AI 기반의 정교한 시스템 도입이 시급하다.

AI와 MBTI?

자금 세탁의 정의와 구분

AML은 범죄 수익을 은닉하거나 위장해 합법적인 자금처럼 보이게 하려는 모든 금융 행위를 방지하고자 하는 규제 체계다.

이러한 활동은 마약 밀매, 부정부패, 사기, 불법 무역 등 다양한 범죄로부터 발생한 자금이 합법적인 경제로 흘러들어가는 것을 방지하기 위해 필수적이다. CFT는 테러리스트 집단이 활동에 필요한 자금을 조달하지 못하도록 자금의 흐름을 차단하고, 그 경로를 추적하는 규제 메커니즘이다. AML과 CFT는 궁극적으로 각기 다른 범죄 유형을 겨냥하지만, 금융 시스템을 범죄로부터 보호하고 투명성과 국제적 신뢰를 확보한다는 점에서 본질적인 연계를 가진다. 자금 세탁은 전통적으로 다음 세 단계로 구분된다.

자금 투입(Placement)

범죄로부터 발생한 현금을 금융 시스템에 투입하는 단계다. 이 단계에서는 은행 예치, 카지노 칩 구매, 고가 상품 구매 등이 활용되며, 비교적 단순한 거래로 위장된다.

자산 세탁(Layering)

자금의 출처를 숨기기 위해 복잡한 금융 거래를 반복 수행한다. 예를 들어, 해외 계좌 간 송금, 가상 자산 전송, 셸 컴퍼니(Shell Company)를 이용한 자산 이전 등이 이뤄지며, 흔적을 추적하기 어렵게 만든다.

자금 통합(Integration)

세탁된 자금이 완전히 합법적인 자금처럼 보이도록 정당한 경제 활동에 재투자되는 단계다. 예컨대 부동산 구입, 기업 투자, 사적 대출, 고급 미술품 거래 등을 통해 자금이 실물 자산으로 전환된다.

CFT의 정의와 구분

반면, CFT는 출처와 무관하게 테러 활동에 자금이 사용되지 못하도록 조기 차단하는 데 초점이 맞춰져 있다. 테러 자금은 불법 활동뿐만 아니라 비정부기구(NGO) 기부, 개인 송금, 현금 캐리어 등 다양한 합법적 채널을 통해 유입되기도 한다. 특히 최근에는 온라인 크라우드펀딩 플랫폼과 가상 자산이 테러 자금 조달의 새로운 수단으로 악용되고 있어 보다 정교한 탐지가 필요하다.

이들의 국제 규제 체계

AML · CFT는 국내법 수준의 대응을 넘어 국제 공조와 글로벌 기준 수립이 중요한 영역이다. 주요 국제 규제 구조는 다음과 같다:

FATF(자금세탁방지기구)

AML · CFT 분야의 국제 표준을 설정하는 기구로, 40개 권고 사항과 부속 문서를 통해 회원국에 법률, 규제, 감독 체계를 구축할 것을 요구한다. 이행 실적에 따라 국가별로 '그레이리스트', '블랙리스트'로 분류되며, 이는 해당 국가의 금융 거래와 신용도에 큰 영향을 미친다.

바젤은행감독위원회(BCBS, Basel Committee on Banking Supervision)

은행의 리스크 기반 AML 전략 수립과 KYC(고객 신원 확인) 의무 강화에 중점을 두고 있으며, 금융 기관의 내부 통제와 감독 체계에 대한 기술적 권고 사항을 제공한다.

EU AMLD 지침

유럽연합의 자금 세탁 방지 지침(AMLD, Anti-Money

Laundering Directive)은 현재 제6차 지침까지 발전했으며, 범죄의 유형, 기관의 책임 범위, 제재 조치까지 규정하고 있다. 특히 UBO(Ultimate Beneficial Owner, 궁극적 실소유자) 식별과 중앙정보시스템 구축을 강제하고 있다.

미국 애국 법

「미국 애국 법(PATRIOT Act)」은 9 · 11 테러 이후 제정된 미국의 강력한 테러 자금 방지법으로, 금융 기관에 대해 CDD(고객 신원 확인), STR(의심 거래 보고서), 대량 송금 감시를 의무화하고 있다.

기존 시스템의 한계

현재 많은 국가와 금융 기관이 AML · CFT 시스템을 운영하고 있지만, 기술적으로는 규칙 기반 탐지 방식을 따르고 있다. 이 방식은 과거의 사례나 전문가가 정한 기준을 바탕으로 거래를 필터링하지만, 다음과 같은 한계를 보인다.

정적 규칙의 한계

새로운 범죄 유형이나 고도화된 패턴에 대응하기 어렵

다. 예를 들어, 멀티홉(Multi-hop) 송금이나 가상 자산을 이용한 자금 세탁은 전통 규칙으로 탐지 불가한 경우가 많다.

높은 오탐률

거래의 의심 수준이 낮더라도 자동 보고되거나 검토 대상으로 분류되어 실무자가 불필요하게 많은 경고를 처리해야 한다. 이로 인해 실제 리스크 대응이 지연되거나 방치되는 문제도 발생한다.

수작업 의존도

거래 탐지 이후 최종 판단을 사람이 하게 되어, 인력 부족 상황에서는 신속한 대응이 어렵다. 특히 중소형 금융기관에서는 이로 인한 업무 지연이 심각하다.

사후 탐지 위주 구조

대부분의 시스템은 거래 완료 후 데이터를 수집 · 분석하는 구조이며, 실시간 차단이나 예방적 개입이 어렵다.

이러한 한계는 AML · CFT 시스템의 실효성과 신뢰성에 대한 근본적인 의문을 제기한다. 따라서 보다 정교하고 유연한 대응을 가능하게 하는 AI 기반 시스템이 필요하며, 이는 단순히 기술적 대안이 아닌 제도적 정비와 국제 협력을 수반하는 혁신 과제로 간주되어야 한다.

참고문헌

Basel Committee on Banking Supervision(2016.2 개정판 2017). Sound mnagement of risks related to money laundering and financing of terrorism, https://www.bis.org/bcbs/publ/d353.pdf ; https://www.bis.org/bcbs/publ/d405.htm

European Union(2021). 6th Anti-money laundering directive (AMLD6), https://www.europarl.europa.eu/legislative-train/theme-an-economy-that-works-for-people/file-6th-directive-on-amlcft-(amld6)

FATF(2025.6). The FATF recommendations, https://www.fatf-gafi.org/content/dam/fatf-gafi/recommendations/FATF%20Recommendations%202012.pdf.coredownload.inline.pdf

U.S. Department of the Treasury(2001). The USA Patriot act, title III – International money laundering abatement and financial anti-terrorism act of 2001, https://www.fincen.gov/resources/statutes-regulations/usa-patriot-act

03
AI 기술의 이해

인공지능은 방대한 데이터를 기반으로 자금 세탁과 테러 자금 조달 의심 거래를 실시간으로 탐지할 수 있도록 진화해 왔다. 지도 학습, 딥러닝, 그래프 신경망 등 다양한 AI 기술이 AML · CFT 분야에 적용되며 금융 리스크 관리의 정밀도를 높이고 있다. 다만, 편향과 설명 가능성, 규제 대응 등의 윤리적 과제를 병행하지 않으면 기술의 실효성이 크게 훼손될 수 있다.

AI와 난임 극복?

AI의 역사적 맥락과 정의

인공지능은 통계학, 컴퓨터공학, 인지과학이 결합해 발전해 온 학제적 기술이다. 1956년 다트머스 회의에서 "기계가 인간 수준의 지능을 모방할 수 있다"는 문제의식이 제기된 이후, 규칙 기반(symbolic) 접근과 통계 기반(statistical) 접근을 오가며 수차례의 부흥과 겨울을 반복했다. 오늘날 AI라 지칭하는 기술적 흐름은 대량 데이터와 고성능 컴퓨팅[특히 그래픽처리장치(GPU), 텐서처리장치(TPU)]을 활용한 데이터 기반 모델이 주류를 이룬다. AML · CFT 시스템은 이러한 최신 AI 기법을 활용해 방대한 거래 스트림에서 눈에 띄지 않는 고위험 패턴을 실시간으로 포착할 수 있게 되었다.

주요 AI 기술 개요

AI 기술은 다양한 목적과 수학적 전제를 가진 여러 하위 분야를 포함한다. AML · CFT에 직 · 간접적으로 연관되는 주요 기술에는 지도 학습, 비지도 학습, 딥 러닝, GNN(그래프 신경망), 생성 모델, 강화 학습 등이 있다.

지도 학습

지도 학습은 과거에 레이블된 데이터를 바탕으로 모델

을 학습시키는 방식이다. 예를 들어 과거에 의심 거래로 분류된 데이터를 학습하면, 새로운 거래의 의심 여부를 예측할 수 있다. 이때 사용되는 기법에는 결정 나무(decision tree), 랜덤 포레스트(random forest), XGBoost(eXtreme Gradient Boosting), 로지스틱 회귀(logistic regression) 등이 있다. 이러한 기법들은 고객의 위험 등급을 산정하거나, 거래가 의심스러운지를 사전에 판단하는 데 주로 활용된다.

비지도 학습

비지도 학습은 레이블이 없는 데이터에서도 패턴을 추출할 수 있는 방식으로, 신규 유형의 자금 세탁 수법을 탐지하는 데 유용하다. K-평균(K-means clustering algorithm), DBSCAN(Density-based spatial clustering of applications with noise, 밀도 기반 클러스터링 비모수적 알고리즘), 주성분 분석(PCA, Principal component analysis), 아이솔레이션 포레스트(Isolation Forest) 등의 알고리즘은 거래의 클러스터를 분석하거나 이상값(Outlier)을 탐색하는 데 활용된다.

딥 러닝

딥 러닝은 대규모 데이터세트에서 복잡한 패턴을 자동으로 학습할 수 있는 기술로, CNN(Convolutional neural network, 합성곱 신경망), RNN(Recurrent Neural Network, 순환 신경망), LSTM(Long Short-Term Memory, 장단기 메모리), 오토인코더, 트랜스포머 등 다양한 구조가 있다. 특히 텍스트 기반 데이터를 다룰 때는 트랜스포머계열의 모델이 널리 사용되며, 이는 고객 상담 기록이나 KYC(고객 신원 확인) 문서 분석에 활용된다. 최근에는 금융 기관 내부 데이터를 기반으로 맞춤형 LLM(Large Language Model, 대규모 언어 모델)을 구축하는 사례가 증가하고 있다.

그래프 신경망

그래프 신경망은 거래 데이터를 네트워크 형태로 모델링해 자금 세탁 네트워크를 탐지하는 데 매우 효과적이다. 예를 들어 고객 계정 간의 거래 관계를 노드와 에지로 표현한 후, 중심성 분석이나 커뮤니티 탐지를 통해 고위험 거래 집단을 식별할 수 있다.

생성 모델

생성 모델(GAN, VAE, 확산 모델 등)은 레이블이 희소한 AML 영역에서 특히 유용하다. 의심 거래 사례가 드물기 때문에, 가상의 의심 시나리오를 생성해 학습 데이터의 다양성을 확보하는 방식이다.

강화 학습

강화 학습은 환경과의 상호작용을 통해 학습하는 방식으로, 실시간 탐지 시스템에서 탐지 임곗값을 동적으로 조정하거나, 탐지 효율성과 비용 간 최적 균형점을 도출하는 데 사용될 수 있다.

금융 영역에서의 AI 적용 사례

AI는 AML · CFT 외에도 다양한 금융 영역에서 활용되고 있다. 예를 들어 초개인화된 금융 서비스는 고객의 소비 패턴, 심리적 특성까지 반영해 한도나 금리를 맞춤형으로 제시할 수 있다. 알고리즘 트레이딩, 리스크 헤징, 레그테크(RegTech, 규제 기술, Regulation + Technology의 합성어), 고객 서비스 자동화, ESG(환경 사회 지배구조) 분석 등에도 AI가 활용된다.

AI 시스템 운영 인프라: MLOps

AI 모델을 실무에 적용하려면 개발, 배포, 운영 전반을 아우르는 MLOps(머신 러닝 운영) 체계가 필수적이다. 데이터 수집과 전처리, 실험 관리, 지속적 통합(Continuous Integration)과 지속적 제공·배포(Continuous Delivery/Deployment) 파이프라인 구축, 성능 모니터링, 모델 거버넌스까지 전체 라이프사이클이 안정적으로 관리되어야 한다.

윤리적 고려와 규제 대응

AI 기술의 적용에는 윤리적·규제적 고려도 중요하다. 모델이 특정 인종, 국적, 직업군에 대해 편향된 판단을 내리지 않도록 다양한 데이터 확보와 공정성 테스트가 필요하다. 설명 가능성 확보, 프라이버시 보호, 적대적 공격 대응 등의 이슈도 병행해 다뤄야 한다.

AML·CFT에 특화된 AI 적용 시나리오

복합 이벤트 처리 기술과 딥 러닝을 조합해 실시간으로 이상 거래를 탐지하거나, 거래 네트워크에서 중심도를 분석해 고위험 고객을 우선 심사 대상으로 삼는 방식 등이 있다. 또한 SAR(의심 행위 보고서) 문서 자동화, 다국어 뉴스 기반 리스크 탐지, 생성 AI 기반 민감도 테스트 등도 실제 도입되고 있다.

AI는 AML · CFT 영역에서 정적 규칙의 한계를 넘어서는 적응형, 예측형, 설명 가능한 시스템 구축을 가능하게 하지만, 데이터 품질, 모델 편향, 규제 대응 등 종합적인 관리가 수반되지 않으면 오히려 혼란을 초래할 수 있다. 다음 장에서는 이러한 기술들을 실제 AML · CFT 플랫폼에 통합하는 구체적 설계 원칙과 운영 전략을 다룬다.

참고문헌

EU Commission(2021.4.21). Proposal for a Regulation laying down harmonised rules on artificial intelligence, https://digital-strategy.ec.europa.eu/en/library/proposal-regulation-laying-down-harmonised-rules-artificial-intelligence

Goodfellow, I. et al.(2016). *Deep Learning*. MIT Press.

NIST(2023.1). Artificial intelligence risk management framework(AI RMF 1.0), https://nvlpubs.nist.gov/nistpubs/ai/NIST.AI.100-1.pdf

Russell, S. & Norvig, P.(2021). *Artificial Intelligence: A Modern Approach(4th Edition)*. Pearson.

04
AI를 활용한 AML·CFT 핵심 기술

AML · CFT 분야에서의 AI 도입은 단순한 규칙 기반 시스템의 한계를 극복하기 위한 실질적 대안으로 주목받고 있다. 이제는 의심 거래를 사후 분석하는 단계를 넘어, 사전에 탐지하고 예방하며, 더 나아가 거래 관계 전반의 리스크를 실시간으로 정량화할 수 있는 기술적 토대가 필요하다. 이를 위한 핵심은 기술 그 자체보다 기술이 실무 프로세스에 어떻게 내재화되느냐에 달려 있다. 특히 기술 선택보다는 조직 내 데이터 흐름, 리스크 평가 모델, 보고 절차 간 연계를 얼마나 구조화했는지가 실제 효용을 좌우한다.

AI와 사주?

거래 이상 탐지 시스템 고도화

AI 기반 AML의 중심은 '이상 거래 탐지(Anomaly Detection)'다. 이는 정해진 규칙을 위반하는 경우뿐 아니라, 과거에 없던 비정형적 패턴이나 은밀한 반복성을 탐지하는 것을 포함한다. 지도 학습 기반의 탐지 시스템은 과거 의심 거래로 분류된 거래 유형을 바탕으로 유사 거래를 예측한다. 반면 비지도 학습은 라벨이 없는 상태에서도 이상 거래를 클러스터링하거나 유사도 기반으로 분류할 수 있어 신규 수법 탐지에 유리하다.

최근에는 스트리밍 기반 탐지 시스템이 주류로 자리 잡고 있다. 아파치 카프카(Apache Kafka)나 아파치 플링크(Apache Flink)를 통해 초단위로 거래 스트림을 처리하면서, 실시간으로 이상 점수를 부여하고, 일정 임곗값 이상일 경우 경보를 발생시킨다. 이 과정에서 이상 탐지 모델은 딥 러닝 기반 시계열 모델이나 그래프 기반 패턴 탐지 알고리즘과 결합되어 정밀도를 높인다. 여기에 모델이 스스로 학습해 임곗값을 조정하거나, 위험 기반으로 우선순위를 정하는 기능이 더해지면서 탐지 시스템은 보다 정교화되고 있다.

탐지의 정밀도를 높이기 위해 최근에는 멀티모달 입력이 도입되고 있다. 예를 들어, 거래 금액, 거래 시간,

거래 위치, 거래 채널 등 다양한 변수들을 통합적으로 분석하고, 해당 거래가 발생한 시점의 고객의 전체 포트폴리오와 과거 행동과 비교해 이상 여부를 정밀 분석한다. 이러한 다중 요인 기반 탐지는 금융 사기에 준하는 복합 자금 세탁 시도를 조기에 포착하는 데 효과적이다.

고객 위험 평가와 모니터링 자동화

KYC(고객 신원 확인)를 통한 고객 위험 등급 평가 시스템도 AI 기술로 재구성되고 있다. 전통적인 방식이 체크리스트 기반이라면, AI 기반 접근은 고객의 전체 거래 내역, 소득 흐름, 국외 송금 경로, 산업군, 디지털 행태까지 통합해 고도화된 위험 점수를 산출한다. 이러한 위험 점수는 지속적으로 업데이트되어, 예를 들어 특정 고객이 갑작스럽게 고위험 국가로 송금을 시도하거나 거래 빈도가 급증할 경우, 자동으로 위험 등급이 상향된다.

또 자연어 처리를 활용해 고객의 이메일, 상담 기록, 뉴스 언급 등을 분석함으로써 외부 정보 기반의 리스크 탐지도 가능해졌다. 이를 통해 고객이 제재 대상에 포함되었거나 금융 범죄 관련 뉴스에 언급된 경우, 기존 KYC 시스템보다 빠르게 반응할 수 있다. 최근에는 다국어 기반 뉴스 스크래핑 시스템과 결합해, 해외 현지에서의 금융사기 연루 여부도 탐지 가능한 사례가 늘고 있다.

고객의 사회적 네트워크 정보(Social Graph)를 이용한 간접적 위험 추정도 확장되고 있다. 예컨대 동일 IP를 사용하는 여러 계정, 동일 기기를 공유한 사용자 집단, 자주 송수신하는 상대방 등의 데이터를 조합해 고객의 은밀한 연계를 파악하고 위험도 분석에 활용하는 것이다.

SAR 자동화

SAR(의심 행위 보고서) 작성과 제출은 AML 실무에서 가장 인력 소모적인 작업 중 하나다. AI 기술은 이 과정을 자동화하는 데 큰 도움을 준다. 예를 들어 LLM(Large Language Model, 대규모 언어 모델)과 RPA(Robotic Process Automation, 로보틱 처리 자동화)를 결합해 의심 거래가 발생했을 때, 관련 정보를 수집하고 이를 자연어로 정리해 초안을 생성할 수 있다. 이 방식은 미국 내 일부 중형 은행에서 이미 시험적으로 도입되어 작성 시간의 70% 이상을 절감했다는 사례도 있다.

이 외에도, 의심 거래 발생 시점의 메타데이터 자동 수집, 과거 유사 거래 비교, 거래 상대방의 국가 · 업종 · 제재 정보까지 자동 연결해, 작성자가 주요 내용을 선택 ·

수정만 하면 제출 가능한 수준의 초안을 제공하는 시스템도 확산 중이다.

SAR 자동화 시스템은 보고의 질적 향상을 넘어, 감독 당국의 사후 심사 대상이 되는 의심 거래 유형의 편중을 방지하고, 일관된 분석 기준을 제공하는 데도 효과적이다.

네트워크 기반 탐지와 그래프 분석

자금 세탁은 단일 거래나 고객의 문제라기보다 다수의 계좌와 거래 주체가 복잡하게 얽힌 형태로 발생하는 경우가 많다. 이에 따라 그래프 기반 분석이 주요 기술로 부상하고 있다. GNN(그래프신경망) 기반 시스템은 수많은 고객과 계좌 간의 거래 관계를 그래프로 변환하고, 이 네트워크에서 중심성이 높은 노드, 갑작스럽게 등장한 연결망, 반복되는 루프 등을 탐지해 의심 사례를 선별한다.

그래프 기반 탐지는 특히 인위적으로 계좌를 쪼개거나, 특정 금융 회사를 경유하며 거래 경로를 분산하는 유형의 자금 세탁을 탐지하는 데 효과적이다. 일정 시간 내 동일한 금액을 여러 경로로 재전송하는 '분할 전송' 방식, 고빈도 저액 반복 거래로 흐름을 숨기는 '스머핑

(Smurfing)' 기법, 계좌 간 무작위성 없이 반복 패턴을 가지는 '고리형 송금' 기법 등을 포착하는 데 유리하다.

또 그래프 기반 AML 시스템은 감독 기관에 보고되는 실시간 인터랙티브 시각화에도 적용되어, 조사관이 노드를 클릭하면서 관련 거래와 상대방을 탐색할 수 있는 유저 인터페이스로 발전하고 있다.

AML·CFT 플랫폼 통합 전략

이러한 AI 기술들을 실제 AML 플랫폼에 효과적으로 통합하려면 설계 단계부터 다음과 같은 원칙이 필요하다. 첫째, 각 기능별 모델이 단일 파이프라인에 연계되어야 한다. 둘째, 데이터 수집, 분석, 결과 보고의 전 과정을 일관된 포맷과 책임 주체하에 운영해야 한다. 셋째, 감독 당국에 대한 설명 가능성 확보를 위한 문서화 및 시각화가 중요하다. 넷째, AI 시스템의 오탐지율과 누락률을 정기적으로 측정하고 교정하는 운영 체계를 갖춰야 한다.

이와 더불어, 통합 플랫폼은 조직의 내부 통제 시스템과 완전히 연동되어야 한다. AML 탐지 시스템이 고객의 내부 신용 평가 모델, 마케팅 데이터베이스, 채널별 위험관리 시스템 등과 분절된 상태라면 AI의 정확성과 효율성은 반감된다. 따라서 통합 플랫폼 설계 시에는 각 시스템 간 API 연동, 데이터 포맷 표준화, 접근 권한 관리 체계를 함께 고려해야 한다.

결론적으로, AML · CFT 영역에서 AI는 단순한 자동화 도구가 아닌 전략적 인프라로 자리 잡고 있다. 이는 규제 대응을 넘어 리스크 기반 접근(RBA, Risk-Based Approach)을 정교하게 구현할 수 있는 기술적 토대를 제공하며, 앞으로는 더욱 고도화된 통합 플랫폼으로 발전해 갈 것이다.

참고문헌

Microsoft(2022). MLOps maturity model, https://learn.microsoft.com/en-us/azure/architecture/ai-ml/guide/mlops-maturity-model

Waehner, Kai(2022.10.25). Fraud detection with Apache Kafka, KSQL and Apache Flink, https://www.kai-waehner.de/blog/2022/10/25/fraud-detection-with-apache-kafka-ksql-and-apache-flink/

Wu, Z. et al.(2019.1.3). A comprehensive survey on graph neural networks. *Arxiv,* https://arxiv.org/abs/1901.00596

05

AML 실무에서의 AI 적용 과제와 한계

AML · CFT 분야에서 AI는 단순한 자동화 도구를 넘어 실시간 위험 탐지와 분석을 가능하게 하는 전략적 인프라로 부상하고 있다. 특히 이상 거래 탐지, 고객 위험 평가, SAR 작성 자동화 등 다양한 기능이 고도화되며, 데이터 흐름과 조직 내 시스템 간 연계성이 그 효용을 좌우하게 되었다. 그러나 AI 기반 시스템의 신뢰성과 설명 가능성, 그리고 오탐지와 누락률 관리가 향후 지속적인 과제로 남아 있다.

AI와 아이돌?

기술 도입의 기대와 현실

AI는 AML · CFT의 패러다임을 바꿀 수 있는 도구로 각광받고 있지만, 실제 금융 기관에서의 적용은 기대와는 다른 복잡한 현실에 직면하고 있다. 기술적 성숙도, 데이터의 질과 양, 조직 내부 역량, 규제 환경 등 다양한 요소가 복합적으로 작용하면서 AI 시스템의 성능과 효과는 천차만별이다. AI에 대한 높은 기대감은 종종 과장되거나 왜곡되어 실무자들이 기술을 만능처럼 오해하게 만든다. 이로 인해 실패 사례가 발생하고, 도입 자체에 대한 거부감도 커질 수 있다. 따라서 이 장에서는 실제 AML 실무에 AI를 적용할 때 직면하는 구체적인 과제와 그 한계, 그리고 이를 극복하기 위한 방향성을 다층적으로 모색한다.

데이터 품질과 가용성의 제약

AI 시스템의 성능은 무엇보다 양질의 학습 데이터에 달려 있다. 그러나 금융 기관 내부의 거래 데이터는 자금세탁 패턴이 명확하게 라벨링된 경우가 드물며, 의심 거래 사례는 전체 거래의 극히 일부에 불과하다. 이는 학습 데이터의 불균형 문제로 이어지며, 모델이 일반 거래에 과도하게 민감하거나 반대로 고위험 거래를 제대로 감지하지 못하는 오류로 연결된다.

또 고객 정보, 거래 내역, 외부 제재 목록 등 다양한 데이터를 통합하는 과정에서 형식 불일치, 누락, 정합성 오류 등의 문제가 빈번하다. 데이터의 품질이 낮을 경우, AI는 잘못된 신호에 기반한 판단을 내릴 수 있다. 특히 여러 금융 기관 간 데이터를 연계하거나 해외 제휴 기관과 정보를 공유할 경우, 「개인정보보호법」 및 데이터 전송 제한이 실질적인 장벽으로 작용한다. 이로 인해 다국적 기업이나 해외 거래가 많은 고객에 대한 위험 분석이 단편적으로 이뤄지는 문제가 발생한다.

이러한 제약은 단지 기술의 문제가 아니라, 금융 기관의 내부 거버넌스와 데이터 거버넌스 체계의 성숙도와도 직결된다. 일부 기관은 여전히 수작업 기반의 데이터 입력과 관리 시스템을 유지하고 있으며, 이는 자동화된 분석에 심각한 병목을 야기한다.

규제와 설명 가능성의 요구

AML 시스템은 금융 당국의 심사와 보고의 대상이 되기 때문에, AI 모델이 아무리 정교하더라도 그 판단 근거를 명확히 설명할 수 있어야 한다. 그러나 딥 러닝이나 앙상블 모델은 그 내부 구조가 '블랙박스'로 간주되며, 모델이 어떤 이유로 특정 거래를 의심 거래로 판단했는지 설명하기 어렵다. 이로 인해 모델의 채택 자체가 제한되거나, 설명 가능성을 보완하기 위한 추가 시스템이 필요하다.

「EU AI 법(EU AI Act)」, 미국의 《AI 위험 관리 프레임워크(AI RMF, Artificial Intelligence Risk Management Framework)》 등 주요국 규제 기관은 설명 가능성, 공정성, 편향 방지 등을 핵심 기준으로 삼고 있으며, 이는 AML 분야에서도 적용되고 있다. 이러한 규제 환경은 기술 도입에 큰 제약 요인으로 작용하지만, 동시에 더 책임감 있는 기술 설계를 요구하는 긍정적 압력으로도 해석할 수 있다. 따라서 기술적 정확성뿐 아니라, 규제 기관의 보고 요건과 적합성을 충족하는 구조적 설계가 병행되어야 한다.

설명 가능성을 강화하기 위한 기법으로는 주목할 만한 입력 변수 하이라이팅, 의사 결정 경로 시각화, 비교 가능한 사례 기반 해석 등이 있다. 그러나 이러한 기술조차도 일부 고위험 거래에서는 규제 기관을 만족시키기 어려운 한계를 갖는다.

조직 내부의 AI 활용 역량

AI 기반 AML 시스템의 성공 여부는 기술보다 조직 역량에 달려 있는 경우가 많다. AI를 설계하고 운영할 수 있는 전문 인력, 특히 AML과 데이터 사이언스를 동시에 이해하는 복합 역량이 요구되지만, 현실에서는 이 같은 인재가 턱없이 부족하다. 그 결과, 외부 벤더에 의존하거나, 도입한 시스템을 충분히 활용하지 못한 채 수동적 모니터링 도구로 전락하는 경우가 많다.

또 내부 의사 결정 구조가 보수적일 경우, 새로운 탐지 방식에 대한 불신이나 책임 회피로 인해 시스템의 실험과 개선이 지연된다. AI의 성능은 반복 학습과 피드백에 따라 향상되는데, 초기 성과가 미비하다는 이유로 즉시 중단되거나, 정량적인 성과 평가 없이 방치되는 사례가 존재한다. 특히 사일로(Silo) 구조의 조직 내 부서 간 정보 공유 부재는 통합된 AI 전략 수립을 더욱 어렵게 만든다.

이 외에도 AML 업무가 대개 규제 준수 차원에서만 작동하다 보니, AI 활용이 적극적인 혁신보다는 방어적 도입으로 귀결되는 경우가 많다. 이는 결과적으로 기술의 잠재력을 제한하며, 경쟁사 대비 후발 주자로 남게 되는 원인이 되기도 한다.

기술 오남용과 윤리적 리스크

AI 기술이 정확하다는 이유로 맹신하거나, 충분한 검증 없이 고객 평가에 활용하는 사례는 잠재적인 윤리 문제를 초래한다. 예컨대, 모델이 단순히 특정 국적이나 직업군에 대해 높은 리스크 점수를 자동 부여할 경우, 이는 차별적 결과를 초래할 수 있다. 설명 가능성 부족과 결합되면 고객 항의나 소송 위험까지 초래될 수 있다.

특히 AML 시스템은 고객의 재산권, 프라이버시, 금융 접근권과 직접 연결되어 있기 때문에, 모델 오판으로 계좌가 일시 중단되거나 거래가 지연되면 실질적 피해가 발생할 수 있다. 이에 따라 유럽연합(EU), 영국, 미국 등에서는 AI 활용에 대한 사전 영향 평가(AI Impact Assessment) 또는 윤리 위원회의 자문을 거쳐야 하는 제도를 논의하거나 도입 중이다.

AI가 판단의 근거로 사용하는 데이터가 역사적으로 편향되어 있을 경우, 그 결과 역시 차별적일 수 있다는 점도 유의해야 한다. 이를 방지하기 위해서는 알고리즘의 결정 요소에 대한 정기적인 점검과 편향 제거를 위한 데이터 보정 절차가 수반되어야 한다.

극복 전략과 향후 과제

이러한 과제를 극복하기 위해선 다층적 전략이 필요하다. 첫째, 의심 거래에 대한 라벨링 기준을 내부적으로 정교화하고, 적절한 수준의 시뮬레이션 데이터를 생성해 학습 데이터의 편중 문제를 해소해야 한다. 둘째, XAI(설명 가능 AI) 도입과 규칙 기반 필터의 하이브리드 모델 설계를 통해 설명 가능성과 성능 간 균형을 맞추는 방향이 요구된다.

셋째, AML 업무 담당자, 데이터 사이언티스트, 규제 대응 팀 간 협업 구조를 강화해, 조직 내 AI 활용 역량을 단계적으로 확장해야 한다. 이 과정에서 조직은 데이터 거버넌스, 모델 검증 체계, 운영 모니터링 체계를 통합적으로 재구성할 필요가 있다. 넷째, 기술 활용의 윤리성과 투명성을 보장할 수 있는 내부 지침과 사전 영향 평가 프로세스를 마련함으로써 고객 신뢰를 확보해야 한다.

추가적으로, AI 기반 AML 시스템의 효과성은 내부 시스템의 통합성과도 직결된다. 예컨대 내부 회계 시스템, 자산 평가, 기업 신용 평가 등 다양한 내부 데이터와 연계가 실현될 때 AI의 탐지력은 더욱 강화된다. 따라서 기술적 접근뿐 아니라 조직 운영 전체를 AI 중심으로 재정의하는 변화가 요구된다.

결론적으로, AI는 AML의 미래를 결정짓는 핵심 기술이지만, 이를 단순히 시스템 도입 차원이 아닌, 조직 전략과 리스크 문화 전반을 포함한 통합적 관점에서 접근할 때 비로소 그 효과가 발현된다. 다음 장에서는 이러한 과제를 기술적, 정책적 관점에서 제도적으로 어떻게 반영할 수 있을지 살펴본다.

참고문헌

EU. Data protection, https://commission.europa.eu/law/law-topic/data-protection_en ;

EU. General Data Protection Regulation(GDPR), https://gdpr-info.eu/

EU(2025.2.19). EU AI Act: first regulation on artificial intelligence, https://www.europarl.europa.eu/topics/en/article/20230601STO93804/eu-ai-act-first-regulation-on-artificial-intelligence

OECD. AI Principles, https://www.oecd.org/en/topics/ai-principles.html

UK Information Commissioner's Office(ICO)(2022). Explaining decisions made with AI, https://ico.org.uk/for-organisations/uk-gdpr-guidance-and-resources/artificial-intelligence/explaining-decisions-made-with-artificial-intelligence/

U.S. Government Accountability Office(GAO)(2023). AI

accountability framework,
https://www.gao.gov/products/gao-21-519sp

06
제도적·정책적 대응 방향

AI 기반 AML 기술은 빠르게 고도화되지만, 규제는 과거 관성에 머물러 혁신을 저해한다. 절차 중심의 형식 규정은 위험 기반 접근과 AI의 동적 특성을 수용하지 못해 실효성을 떨어뜨린다. 감독 당국은 설명 가능성 기반 자율 모델을 인정하고 AI를 활용해 감독 역량을 강화해야 한다. 기술 기준 · 교육 · 국제 공조를 통해 규제와 기술이 상호 보완적으로 진화할 수 있는 인프라를 마련해야 한다. 궁극적으로 AML 정책은 기술 실험성과 제도 안정성을 균형 있게 결합해 규제 · 기술 · 조직이 함께 공진화하는 새 패러다임을 지향한다.

AI와 야구?

기술과 제도의 간극

AI를 활용한 자금 세탁 방지 기술이 고도화되고 있음에도, 이에 대응하는 정책과 제도는 여전히 뒤처져 있는 실정이다. 기술 혁신이 시장 주도로 빠르게 진행되는 반면, 법적 · 제도적 환경은 그 속도를 따라가지 못하고 있으며, 이로 인해 AML 시스템의 실효성과 규제의 정합성 사이에 간극이 벌어지고 있다. 이러한 간극은 AI 도입을 가로막는 가장 큰 걸림돌 중 하나이며, 결과적으로 금융 기관의 기술 혁신 의지를 저해하고 있다. 이 장에서는 이러한 기술-제도 간 불균형을 극복하고, 지속 가능한 AML · CFT 체계를 정립하기 위한 제도적 · 정책적 방향을 탐색한다.

현행 규제 프레임워크의 한계

현재 대부분 국가에서 적용되고 있는 AML 규제는 과거의 위험 환경에 기초한 정적(static) 규제로, AI 기반 동적(dynamically adaptive) 탐지 기술과의 접점이 부족하다. 예컨대 SAR(의심 행위 보고서) 기준, CDD(고객 신원 확인), 거래 모니터링 가이드라인 등은 여전히 사람 중심의 판단과 수작업 기반 보고를 전제로 설계되어 있다.

이러한 구조는 AI 시스템의 도입과 운용을 제약하는 주요 원인이 된다. 규제가 기술 중립적이지 않고, 지나치게 구체적인 절차 중심의 조항으로 구성되어 있기 때문이다. 기술의 활용 가능성을 열어두는 대신, 기존 방식에 맞춰 AI를 억지로 끼워 맞추는 형식적 수용이 반복되고 있으며, 이는 AML 기술의 혁신성과 예측 가능성을 모두 저해하고 있다.

또한 규제가 위험 기반 접근(RBA)의 원칙과 괴리를 보이는 경우도 적지 않다. 정형화된 규제 준수 체크리스트에 갇혀 실제 리스크에 기반한 대응보다는 형식적 보고에 치중하는 경향이 강화된다. 이는 AI 도입의 목적과 배치되며, 오히려 규제 회피나 과잉 대응의 원인이 된다.

감독 당국의 역할 변화

AI 시대의 AML 감독은 기존의 절차 중심 점검에서 데이터 기반 위험 평가와 효과성 중심의 관리로 전환되어야 한다. 이를 위해 감독 기관은 다음과 같은 역할 재정립이 필요하다.

첫째, 기술 설명력(Explainability)을 확보한 기관 중심의 자율적 위험 관리 모델을 인정하고, 유연한 평가 체계를 수립해야 한다. 현재와 같은 경직된 형식 규제는 다양한 기술 실험을 저해하며, 동일한 목적을 달성할 수 있는 다양한 접근 방식의 가능성을 제한한다.

둘째, 감독 기관 스스로 AI를 도입해 금융 기관 제출 보고서를 자동 분석하거나, 거래 네트워크를 시각화하는 분석 도구를 활용함으로써 실효적인 감독 기능을 강화할 수 있다. 이미 일부 국가에서는 AI 기반 모니터링 시스템을 감독 당국 차원에서 실험적으로 도입 중이다.

셋째, 기술 기반 규제 혁신 실험(Tech Sandbox)의 영구화 및 제도화를 통해 다양한 AI 기반 탐지 모델의 실험과 검증을 허용할 수 있는 제도적 기반이 마련되어야 한다. 샌드박스가 단기적 테스트에 그치는 것이 아니라, 규제 개선의 피드백 루프가 되기 위해선 이를 제도화할 필요가 있다.

넷째, 규제 기관 간 협업 및 국제 공조를 통해, 기술 표준과 리스크 평가 모델의 정합성을 확보하고, 범국가적 AML 프레임워크로 확장할 필요가 있다. 이는 특히 다국적 금융 기관에 일관된 규제 신호를 제공하고, 탈규제 경합을 방지하는 수단이 될 수 있다.

기술 기준 및 표준 마련

AI 기반 AML 시스템에 대한 기술 기준 부재는 신뢰성과 법적 안정성 확보에 걸림돌이 되고 있다. 따라서 다음과 같은 표준화 노력이 요구된다.

AI 모델의 검증 지표 및 최소 요건 수립: 탐지율, 오탐지율, 신뢰 구간 등 핵심 지표에 대한 기준 마련과 함께, 이를 점검하는 제3자 인증 기관의 설립도 고려해 볼 수 있다.

설명 가능성과 투명성 기준: 모델 설계 문서화, 사용자 해석 가능성, 결과 해석 프로세스 구축뿐 아니라, 전 과정에 대한 로그 및 감사 가능성을 확보해야 한다.

데이터 활용 및 개인정보 보호 기준: AML 목적에 부합하는 데이터 보존 · 활용 범위 및 암호화 방식의 기술적 표준 제시뿐 아니라, 법적 동의 절차 및 비식별화의 구체적 요건도 명시되어야 한다.

윤리성 기준 및 AI 충돌 방지 설계: 편향 제거, 역차별 방지, 과잉 검출 방지 장치 내재화와 더불어, 윤리적 충돌이 발생했을 때의 책임 주체와 해결 절차에 대한 명확한 가이드라인이 필요하다.

이러한 기준들은 각 금융 기관이 개별적으로 판단할 문제가 아니라, 감독 기관 또는 업계 자율 규제 기구(SRO, Self-Regulatory Organization) 차원에서 마련되어야 하며, 금융 당국의 인증 또는 가이드라인 형태로 통합 제공되는 것이 바람직하다.

교육과 인력 양성

AI를 기반으로 한 AML 시스템의 안정적 운영을 위해서는, 단순히 기술 도입을 넘어 실무자들의 기술 이해와 역량 제고가 병행되어야 한다. 이를 위해 금융 감독 당국과 산업계, 학계가 연계된 공동 교육 프로그램, 인증 제도, 현장 중심의 학습 플랫폼이 필요하다.

특히 AML 실무자가 AI의 판단 구조를 이해하지 못할 경우, 오탐지 또는 미탐지에 대한 후속 조치를 적절히 취하지 못하고, 이는 시스템 전체의 신뢰성을 약화하는 결과로 이어질 수 있다. 따라서 데이터 해석, 모델 이해, 윤리적 고려 사항까지 포함한 실천형 교육 콘텐츠가 요구된다.

또한 AML과 AI를 융합적으로 이해할 수 있는 융합형 인재 양성은 향후 AML 체계의 성패를 좌우할 중요한 요소다. 이는 단기 교육이나 외부 벤더 의존으로 해결되지 않으며, 장기적 인력 육성 전략과 조직 내부 역량 개발 체계가 필수적이다.

글로벌 규범과의 정합성

AI 기반 AML 시스템은 국경을 초월한 자금 이동과 가상 자산, 크로스 보더 핀테크 플랫폼의 확산 등 국제적 맥락에서도 작동해야 한다. 이를 위해서는 FATF(자금세탁방지기구) 가이드라인, ISO(International Organization for Standardization, 국제표준화기구)/IEC(International Electrotechnical Commission, 국제전기기술위원회) AI 표준, 「EU AI 법」 등 글로벌 기준과의 정합성을 확보해야 하며, 주요국 감독 기관과의 정보 공유 채널도 구축되어야 한다.

특히 가상 자산 관련 AML 정책은 각국의 규제 수준 차이로 인해 탈규제 지역(regulatory arbitrage)이 생기고 있으며, 이는 범죄자들의 회피 전략으로 악용되고 있다. AI 기반 시스템이 이러한 회피 기법까지 탐지하려면, 국제적 리스크 분류 및 감시 체계와 실시간 연계가 필요하다.

국제기구 주도의 기술 협약 체결, 공통 모델 아키텍처 공유, 글로벌 AML AI 검증 센터 설립 등의 방안이 제시되고 있으며, 이는 기술력뿐 아니라 제도적 신뢰를 기반으로 한 협력 체계가 뒷받침되어야 현실화가 가능하다.

규제와 기술의 공진화

AML에서의 AI 활용은 단순한 기술 진보를 넘어, 제도와 조직이 함께 변화해야 가능한 과제다. 기술은 정교해지고 있으나, 이를 받아들이는 제도는 여전히 과거의 규범에 머물러 있다. 향후 AML · CFT 시스템은 기술 주도와 정책 조율이 조화를 이루는 방향으로 공진화되어야 하며, 이를 위해 각국 감독 기관과 금융 기관, 기술 기업 간의 신뢰와 협력이 절대적으로 요구된다.

또 규제와 기술이 병렬적으로 작동하는 것이 아닌, 상호 보완적 구조 속에서 진화해야 한다. 기술의 발전은 규제 설계에 정보를 제공하고, 규제는 기술이 방향성을 잃지 않도록 나침반 역할을 해야 한다. 이러한 관점에서 향후 AML 정책은 기술의 실험성과 제도의 안정성을 균형 있게 통합하는 새로운 패러다임이 되어야 할 것이다.

다음 장에서는 실제 국내외 금융 기관들이 이러한 제도 변화에 어떻게 대응하고 있는지를 사례를 통해 구체적으로 살펴본다.

참고문헌

금융위원회(FSC)(2023.12.26). [보도자료] '23년 금융규제 샌드박스 제도 운영성과,

https://www.fsc.go.kr/no010101/81327?srchCtgry=&curPage=7&srchKey=&srchText=&srchBeginDt=&srchEndDt=

FATF(2021). Digital transformation of AML·CFT, https://www.fatf-gafi.org/en/publications/Digitaltransformation/Digital-transformation.html

Financial Stability Board(2024.11.14). The Financial stability implications of artificial intelligence, https://www.fsb.org/uploads/P14112024.pdf

IBM(2024.10.4). AI compliance: What it is, why it matters and how to get started, https://www.ibm.com/think/insights/ai-compliance

ISO/IEC(2022). ISO/IEC 22989:2022. Information technology — Artificial intelligence — Artificial intelligence concepts and terminology, https://www.iso.org/standard/74296.html

07
국내외 금융 기관의 AI 기반 AML 도입 사례

각 기관은 조직 구조, 데이터 인프라, 규제 조건에 따라 맞춤형 접근을 택하고 있으며, 비정형 데이터 활용과 설명 가능성 확보가 주요 관건으로 부상하고 있다. 대형 은행은 통합 플랫폼 중심, 핀테크는 모듈형 API 중심으로 진화 중이며, 스타트업은 경량화된 솔루션으로 기민하게 대응하고 있다. 데이터 주권과 개인정보 이슈는 기술을 통한 점진적 해결이 시도되고 있다. 궁극적으로 기술 · 조직 · 규제 세 박자가 조화를 이뤄야 AML 시스템의 실효성과 지속 가능성이 확보될 수 있다.

AI와 윤동주?

실무 적용의 현장성

앞서 기술과 제도의 공진화 필요성을 논의했다면, 이제는 실제 금융 기관들이 어떤 방식으로 AI 기반 AML 시스템을 도입하고 있는지를 구체적으로 살펴볼 차례다. 이 장에서는 국내외 주요 금융 기관들이 직면한 문제, 기술 적용 방식, 조직 변화, 정책 대응 등을 다각도로 분석한다. 특히 시스템 구축의 배경 · 전략 · 성과 · 교훈을 4단계로 분류해, 독자가 각 사례에서 실무적 포인트를 손쉽게 파악할 수 있도록 구성했다.

해외 금융 기관 사례 분석

HSBC: 거래 흐름 맥락 분석을 통한 이상 탐지 고도화

배경: 2012~2015년 대규모 AML 제재 이후 '디지털 AML 2.0' 프로젝트 가동.

전략: 자연어 처리와 서브그래프 패턴 매칭을 결합해 과거 SAR(의심 행위 보고서)와 유사성이 높은 거래 묶음(cluster)을 탐지.

성과: 탐지 효율 20% 향상, 오탐률 18% 감소, 조사 착수 평균 소요 시간 6.5시간 → 3.1시간으로 단축.

교훈: XAI(설명 가능 AI) 대시 보드로 규제 기관 피드백

을 실시간 반영, 투명성 확보가 승인 지연 해소의 핵심.

ING 그룹: 실시간 CDD 자동화로 고객 응대 혁신

배경: 유럽 PSD2[Payment Services Directive 2: 2018년 1월 유럽은행감독청(EBA)이 규정한 결제 서비스 지침 개정안] 시행으로 신속한 계좌 개설·본인인증 필요성 증대.

전략: 고객 행동 기반 위험 스코어링 모델과 외부 제재·불량 리스트 API 연동.

성과: 신규 계좌 개설 소요 시간 20분 → 5분, CDD(고객 신원 확인) 오탐지로 인한 고객 불만 30% 감소.

교훈: 고객 경험(CX, Customer Experience) 개선이 곧 AML 효율 제고로 이어질 수 있음을 입증.

JP 모건: 그래프 신경망으로 복합 네트워크 리스크 식별

배경: 글로벌 대형 기업 거래·파생 상품 연계 자금 흐름 분석 필요.

전략: 계정·기업·국가·상품 4레이어 멀티그래프와 GNN(그래프신경망) 기반 '네트워크 중심(Transactional Centrality)' 지표 도입.

성과: 기업형 자금 세탁 사례 연구(Case Study) 73건 중

58건 사전 탐지, 내부 경보 평균 12일 앞당김.
교훈: 다층 그래프 분석은 고액 · 고빈도 · 다국적 거래의 은밀한 상호 의존성 파악에 탁월.

스탠다드 차타드(Standard Chartered): 가상 자산 리스크 모니터링 툴

배경: 아시아 · 아프리카 지사 간 크로스 보더 가상 자산 거래 급증.
전략: 체인애널리시스(Chainalysis) API와 사내 모델을 하이브리드로 연동, 주소 레퍼런스 · 믹싱 서비스 · OFAC(Office of Foreign Assets Control, 미국 재무부의 해외자산관리국) 제재 주소 실시간 체크.
성과: 가상 자산 거래 대비 의심 플래그 비율 0.02%→0.12%(탐지 민감도 6배 증가).
교훈: 외부 전문 인텔리전스 연계로 내부 개발 비용 · 시간 절감.

국내 금융 기관 사례 분석

신한은행: AI 통합 플랫폼과 '리스크 허브(Risk Hub)' 구축

배경: 복수 계열사(카드 · 투자 · 보험) 거래 데이터를 통

합 분석할 필요.

전략: 유니버설 데이터 레이크 + AI 모델 허브 → 거래 · 고객 · 상품 차원의 3중 위험 지표 산출.

성과: 내부 감사 효율 30% ↑, SAR 제출 전 검증 단계 오류 42% ↓.

교훈: 계열사 데이터 통합은 기술보다 법 · 컴플라이언스 협의가 관건.

카카오뱅크: '인텐트어웨어(Intent-Aware)' 모델로 비정형 데이터 활용

배경: 디지털 터치포인트(채팅, 푸시, 클릭로그)가 전통은행보다 압도적으로 많음.

전략: 버트(BERT) 기반 시퀀스 모델로 채팅 의도(Intent) 추출, 거래 메타데이터와 결합해 고객 위험 예측.

성과: 경계 고객 선별 정확도 17% → 28%, 경보 후 실제 제재 조치 건수 1.6배 증가.

교훈: 풍부한 디지털 행태 데이터가 규제 변화에 유연히 대응할 여지를 창출.

NH농협은행: RPA + AI SAR 자동 보고 엔진

배경: 광범위한 농협 계열 지점의 분산 SAR 보고 시스템으로 인력 과부하.

전략: 템플릿 기반 ML 요약 + RPA(Robotic Process Automation, 로보틱 처리 자동화) 채널 송신, '필수 항목 누락' 사전 검증 자동화.

성과: 보고서 평균 작성 시간 45분 → 11분, 제출 지연 건수 60% 이상 감소.

교훈: SAR 업무 자동화는 비용 절감뿐 아니라 제재 위험 완화에 직결.

KB국민은행: '금융·비금융 융합 위험지도' 프로젝트

배경: 핀테크 제휴 확대에 따라 비금융 데이터(통신 · 이커머스) 연계 필요.

전략: 클라우드상에서 비금융 파트너 사와 암호화된 데이터 매칭(PSI, Privacy-preserving Set Intersection).

성과: 고객군 위험 지표 보강으로 탐지 민감도 12% 향상, 개인정보 침해 민원 0건 유지.

교훈: 개인정보 보호 기술(PPET) 없이는 외부 데이터 융합이 지속 불가능.

핀테크·빅테크·레그테크 스타트업 사례

체이널리시스(Chainalysis): 블록체인 포렌식 툴, 70+ 국가 정부 · 수사기관 파트너십.

컴플라이어드밴티지(ComplyAdvantage): 글로벌 제재 · 불량 리스트 실시간 API, 머신 러닝 기반 위험 점수 모델 제공.

피드자이(Feedzai): 실시간 결제 사기 · AML 통합 플랫폼, 모델 마켓플레이스 운영.

업스테이지(Upstage): 대규모 한국어 LLM으로 KYC(고객 신원 확인) 문서 자동 분류, 한류 콘텐츠 플랫폼 등과 협업.

스타트업은 경량화 모델, 클라우드 네이티브 구조, API 기반 모듈러 설계로 대기업 대비 도입 시간을 단축한다는 장점이 있다. 그러나 레거시 시스템과의 접속 · 보안 · 가용성 요건을 충족하는 과정에서 협상이 길어지는 단점도 적지 않다.

비교 분석 및 시사점

플랫폼화와 모듈화

대형 은행은 'AI 콤비네이터' 형태의 통합 플랫폼을, 인터넷 은행 · 핀테크는 API 모듈식 접근을 선호한다. 플랫폼화는 거버넌스 단일화, 모듈화는 도입 속도에서 우위를 점한다.

설명 가능성과 투명성

규제 환경이 엄격한 영국 · 미국이 H 레이블(High-Explainability)을 우선 도입했고, 한국 · 싱가포르는 샌드박스 방식으로 단계적으로 도입하고 있다.

데이터 주권 및 개인정보 이슈

AI 기반의 AML 시스템이 고도화될수록, 다양한 데이터를 활용하게 되는데 이 과정에서 각국의 데이터 보호 체계 차이가 중요한 변수로 작용한다.

유럽연합(EU)은 「일반 데이터 보호 규정(GDPR)」을 통해 개인의 명시적 동의를 전제로 한 데이터 활용을 원칙으로 하고 있으며, 위반 시 고액의 벌금이 부과되는 등 규제가 강력하다.

한국은 개인정보를 가명 처리 또는 비식별화한 후 활용하는 방식에 초점을 맞추고 있으며, 비교적 데이터 활용에 기술적 유연성을 부여하고 있다.

반면 미국은 통일된 연방 차원의 개인정보 보호법이

부재하고, 캘리포니아주, 뉴욕주 등 주별로 상이한 산업 규제 체계를 채택하고 있어 규제의 파편화가 특징이다.

이처럼 각국의 데이터 규제가 제각기 다르기 때문에, 다국적 금융기관이나 글로벌 플랫폼들은 AI 기반 AML 시스템을 도입할 때, 각국의 데이터 주권 요구 사항을 동시에 만족시키는 설계 전략이 필요하다.

조직 문화와 협업 구조의 변화

AI AML 시스템의 성공적인 도입은 단순한 기술 도입을 넘어, 조직 구조 자체의 변화를 요구한다.

AI 기반 시스템을 성공적으로 운영하는 기관들은 공통적으로, AML 실무팀, 데이터 과학팀, IT 운영팀 간의 유기적인 협업 체계를 구축하고 있다.

특히, 이들 부서를 연결하는 센터 오브 엑설런스(Center of Excellence)와 같은 전담 중간 조직을 설립해, 사일로(silo, 부서 간 단절) 구조를 해소하고 있다.

이러한 조직 내 조정 기능은, AI 모델 개발과 운용이 규제 준수, 리스크 관리, 기술 실현 가능성을 동시에 만족하도록 조율하는 데 필수적이다.

비정형 데이터 활용 확대

전통적인 AML 시스템은 주로 정형 금융 데이터(거래 내역, 계좌정보 등)에 의존해 왔으나, 최근에는 뉴스, SNS, 다크웹 정보, 가상자산 블록체인 데이터 등 다양한 비정형 데이터가 고위험 거래의 사전 탐지에 핵심적으로 활용되고 있다.

예를 들어, 다크웹에서 유출된 금융 정보, SNS를 통한 가상자산 투자 유인 사례, 뉴스 속 불법 펀딩 보도 등은 고위험 활동과의 연관성을 드러낼 수 있는 실시간 인텔리전스 정보로 작용한다.

이를 제대로 분석하려면, 텍스트 마이닝, 그래프 기반 추론, 블록체인 포렌식 등 다양한 비정형 데이터 처리 기술을 보유한 AI 모델이 필요하며, 이는 기존의 룰 기반 AML 시스템만으로는 대응이 어렵다.

종합 시사점

이처럼 데이터 활용을 둘러싼 규제적 경계, 조직 내 협업 체계의 유연성, 기술적 분석 대상의 확장은 AI 기반 AML 시스템의 효과를 좌우하는 핵심 요소들이다.

따라서 AI AML 시스템의 성공적 도입은 단순한 기술 도입이 아니라, 기술 · 조직 · 규제라는 세 개의 축을 동시에 조정하고 통합적으로 설계하는 종합적 전략이 필요하다는 것을 시사한다.

이러한 점은 금융기관뿐 아니라, 이를 관리 · 감독하거나 기술을 공급하는 민간 기업, 그리고 정책을 설계하는 당국 모두가 유념해야 할 부분이다.

향후 전망

1. 초개인화된 위험 점수(Personalized Risk Scoring)

금융 데이터뿐만 아니라 고객의 일상생활 데이터를 함께 활용하여, 개별 고객 단위로 정밀하게 맞춤화된 위험 평가가 가능해지고 있다.

전통적인 군집형 리스크 분석에서 벗어나, 소비 패턴, 소셜미디어 활동, 위치 기반 정보 등 비금융 데이터를 통합함으로써 초개인화된 리스크 점수를 산출하고, 의심 거래나 이상 행위의 사전 탐지를 정교화할 수 있다.

2. 멀티모달 탐지 엔진(Multimodal Detection Engine)

거래 기록 같은 정형 텍스트 데이터뿐만 아니라, 신분증 이미지나 지문 정보, 거래 관계를 나타내는 그래프 데이터 등 다양한 형태의 정보를 복합적으로 수집 · 분석하는 멀티모달 탐지 시스템이 도입되고 있다.

이 시스템은 AI 모델이 서로 다른 유형의 데이터를 실시간으로 융합하여, 예를 들어 위조 신분증을 통한 계좌 개설, 복잡한 다단계 금융 거래 등을 자동으로 탐지할 수 있게 해 준다.

3. 연합 학습(Federated Learning) 및 PPET 기술의 확대

개인정보 보호 및 데이터 주권 강화에 대한 규제가 전 세계적으로 확대되면서, 고객 데이터를 직접 중앙 서버로 수집하지 않고 각 기관이 자체적으로 학습한 모델을 연합하여 공유하는 방식의 연합 학습(Federated Learning)이 주목받고 있다. 이와 함께, 개인정보를 보호하면서도 분석이 가능한 기술인 PPET(Privacy-Enhancing Technologies)도 병행적으로 활용되고 있다. 이를 통해 규제를 준수하면서도 고도화된 AI 탐지 기술을 운영할 수 있게 된다.

4. AI 거버넌스 자동화(AI Governance Automation)

AI 시스템의 투명성과 규제 대응 능력을 확보하기 위해, 감사 및 검증 프로세스를 수동이 아닌 자동화된 루프로 구성하는 움직임이 빠르게 확산되고 있다.

예컨대, 이상 거래에 대한 판단 기준이 바뀌면 시스템

이 스스로 모델을 재학습하고, 그 결과를 모니터링 및 감사 보고서로 자동 생성하여 감독기관에 제출하는 체계를 갖추는 것이다. 이는 AI 시스템이 항상 규제를 만족하는 상태(Always-On Compliance)를 유지하도록 만드는 핵심 기술로 떠오르고 있다.

국내외 성공 사례는 AI가 AML의 '선택'이 아닌 '필수' 기술임을 보여 주지만, 동일한 성공 방정식을 모든 기관에 적용하는 것은 위험하다. 각 기관의 시장 위치, 데이터 인프라, 규제 환경, 조직 역량을 종합적으로 고려한 맞춤형 로드맵이 필요하다.

다음으로 이러한 혁신 사례가 금융 산업 전반의 AML 체계를 어떻게 구조적으로 재편하고 있는지를 분석해 본다.

참고문헌

KB국민은행(2024). 금융·비금융 데이터 융합 프로젝트 보고서.
NH농협은행(2023). SAR 보고 자동화 사례 분석.
신한은행(2023). AI Risk Hub 도입 백서.
카카오뱅크(2024). 비정형 데이터 기반 AML 모델링 연구.
HSBC(2023). AML technology implementation report.
ING Group(2022). CDD automation case study.
JP Morgan(2023). Graph-based risk modeling white paper.
Standard Chartered(2023). Virtual asset monitoring practices.

08
AI와 AML·CFT의 윤리·거버넌스 과제

모델 작동 원리와 결정 요인을 설명하는 XAI 설계와 문서화는 규제 대응의 필수 조건이 되고 있다. 「GDPR」 등 글로벌 규범에 부합하려면 연합 학습, 차등 프라이버시 등 PPET 기술과 철저한 데이터 거버넌스가 요구된다. 책임 분담 명확화, 내부 이의 제기 절차, 보험 · 보증 등 보상 메커니즘이 소비자 보호의 핵심이다. AI 윤리위원회 · MRM 2.0 · 연속 감사 체계를 갖춘 통합 거버넌스만이 신뢰 가능한 차세대 AML 생태계를 열 수 있다.

AI와 한의학?

기술 진화와 윤리적 부담의 동시 증대

AI 기반 AML 시스템은 자금 세탁 및 테러 자금 조달 방지를 위한 효과적인 수단으로 각광받고 있지만, 동시에 윤리적 · 법적 책임 문제가 중첩되는 영역이기도 하다. 기술이 정교해질수록 그 활용에 따른 책임과 설명 의무, 공정성, 투명성, 프라이버시 침해 가능성 등 새로운 문제들이 떠오르고 있다. 이 장에서는 기술 혁신과 함께 필연적으로 따라오는 윤리적 쟁점을 중심으로, AML · CFT 맥락에서 AI 도입이 가져오는 구조적 위험과 이를 해결하기 위한 거버넌스 방안을 심층적으로 살펴본다.

공정성과 편향 문제

AI 시스템의 판단 기준은 학습 데이터에 근거한다. 그러나 이 데이터가 과거 사례, 특히 제재 · 검거된 사례에 집중되어 있을 경우, 특정 국가나 직업군, 사회경제적 계층에 대한 과잉 대표(over-representation)가 발생한다. 예컨대, 특정 국적의 고객이 자주 의심 거래로 분류되는 등 통계적으로 편향된 판단이 이어질 수 있다.

또 알고리즘 자체가 인과관계보다는 상관관계에 의존해 설계될 경우, 결과적으로는 범죄와 직접 관련 없는 변수(예: 거주 지역, 출신 학교, 출입국 기록 등)를 과도하게 반영해 리스크 점수를 높이는 문제가 발생한다. 이는 AI가 편견을 '복제'하거나 심지어 '강화'하는 결과를 낳는다.

이를 방지하기 위해서는 데이터 수집 단계부터 다양성과 대표성을 확보해야 하며, 편향(Bias) 가능성을 사전에 평가하고 조정하는 프로세스가 필요하다. AI 개발 과정에서 '카운터팩추얼 테스트'를 통한 공정성(Fairness) 평가와, 운영 단계에서 공정성 지표(예: 기회 평등성, 민감속성 중립성)를 지속적으로 모니터링하는 것이 요구된다. 공정성 심의 위원회 설치, 외부 감시 기제 도입 등 제도적 장치 마련도 병행되어야 한다.

설명 가능성과 투명성

AML 분야에서 AI 시스템은 고객의 거래를 제한하거나 계좌를 동결하는 등 중대한 결정을 내릴 수 있다. 이 과정에서 '왜 그런 판단이 내려졌는가'를 당사자와 감독 당국에 설명할 수 있어야 하는데, 블랙박스 형태의 AI 모델은 이 요구에 부합하기 어렵다.

이에 따라 미국, 유럽 등에서는 AI 기반 판단에 대한 설명 가능성을 법률로 의무화하려는 움직임이 본격화되고 있다. 「EU AI 법」은 고위험 금융 시스템에 대해 모델의 작동 원리와 주요 결정 요소를 문서화할 것을 요구하며, 미국도 「알고리즘 책임법(Algorithmic Accountability Act)」 제정을 추진 중이다.

실무에서는 샤프(SHAP), 라임(LIME), 카운터팩추얼 설명(Counterfactual Explanation: 말 그대로 '사실과 반대되는 가정' 또는 '만약 ~했더라면'이라는 가정적 조건을 의미한다) 등 다양한 기술을 활용해 모델의 의사 결정 과정을 시각적으로 표현하거나, 결과에 가장 영향을 미친 요인을 추출해 낸다. 그러나 이 역시 완전한 설명을 제공하지는 않기에, 모델 개발 단계부터 '설명 가능한 설계(XAI)'가 반영되어야 하며, 고객 대상 영향 설명 보고서 발행, 감독 기관 제출용 모델 카드 작성 등 문서화 체계도 함께 구축되어야 한다.

프라이버시 및 데이터 보호

AML은 고객 데이터의 민감한 분석을 전제로 한다. 이 과정에서 개인정보 보호 원칙과 충돌 가능성이 빈번하게 제기된다. 특히 AI는 다량의 과거 데이터와 외부 비정형 정보를 결합 · 분석하기 때문에, 개인정보의 목적 외 이용과 과잉 수집 문제가 발생할 수 있다.

유럽의 「일반 데이터 보호 규정(GDPR, General Data

Protection Regulation)」이나 한국의 「개인정보보호법」, 미국의 주별 법제는 이러한 상황에서 최소 수집, 목적 제한, 보존 기간 최소화 원칙을 요구한다. 이에 따라 최근에는 연합 학습, 차등 프라이버시, 동형 암호, 암호화된 데이터 매칭(PSI, Privacy-preserving Set Intersection) 등 개인정보 보호 기술(PPET)이 AML/AI 시스템에서 적극 활용되고 있다.

또한 고객의 동의 관리, 개인정보 영향 평가(PIA), 데이터 마스킹 및 가명 처리, 데이터 보존 주기 설정 등 조직 차원의 데이터 거버넌스 체계 정비가 병행되어야 한다. 프라이버시는 기술로 보호될 수 있지만, 궁극적으로는 문화와 정책의 일관성 속에서 유지될 수 있다.

책임성과 법적 쟁점

AI가 금융 의사 결정에 깊숙이 개입하게 되면, 의사 결정의 결과에 대해 누가 책임을 질 것인가 하는 문제가 대두된다. 예를 들어, AI가 거래를 차단해 정당한 금융 거래가 지연되거나 거부될 경우, 그 피해에 대한 책임은 누구에게 있는가? 모델을 개발한 외부 벤더, 이를 운용한 금융 회사, 아니면 승인한 감독 기관인가?

이처럼 책임 분할이 불명확한 상황에서 소비자 보호는

취약해질 수밖에 없다. 이에 따라 일부 국가에서는 「AI 금융책임법」을 제정해 금융 AI 오작동에 따른 손해에 대해 일정 수준의 구제 체계를 마련하고, 분쟁 조정 채널을 제도화하는 움직임이 나타나고 있다.

특히 AML 분야에서는 의심 행위 보고 누락, 과잉 보고, 오탐지로 인한 피해 사례가 실시간으로 발생하고 있기 때문에, AI 판단에 대한 '내부 이의 신청 프로세스' 마련과 손해 발생 시 보상 메커니즘 설계가 필수적이다. 이에는 보험 제도, 자체 보증 준비금 제도, 외부 감사 기구 활용 등이 포함될 수 있다.

국제 윤리 표준의 확산과 대응 방향

최근 국제 사회는 AI 시스템의 윤리적 운용을 위한 원칙과 기준을 다양하게 제시하고 있다. 유럽연합(EU)은 2019년 인간 존엄성 · 투명성 · 안전성을 중심으로 《AI 윤리 원칙(Ethics Guidelines for Trustworthy AI)》을 정리했으며, 같은 해 IEEE(전기전자공학자협회)는 '인간 중심 설계'를 강조하는 기술 지침(Ethically Aligned Design)을 발표했다. 「EU AI 법」은 AML 같은 고위험군 시스템에 대해 의무 등록과 문서 제출, 해석 가능성 확보, 리스크 평가를 법제화하려 한다.

또한 FATF(자금세탁방지기구)는 디지털 ID 관련 가이드라인을 통해, AI 기반 고객 신원 인증에 필요한 기준과 절차를 명시하고 있다. 이러한 글로벌 규범은 향후 한국을 포함한 각국의 감독 기관과 금융 기관이 AML/AI 시스템을 설계할 때 준수해야 할 최소 기준으로 작용할 것이다.

이에 대한 대응 전략으로는 다음과 같다. 첫째, AML 시스템을 단순 기술이 아닌 윤리적 의사 결정 구조로 인식하고, 윤리 기준이 사전에 내재화된 시스템 설계를 추진할 것. 둘째, 국제기구 및 타국 감독 당국과의 협력을 통해 규범 준수와 기술 교류를 병행할 것. 셋째, 자체적인 윤리 리뷰 위원회, 외부 전문가 자문기구, 내부 모델 감사 체계를 제도화해 윤리의 '운영화'를 실현할 것.

윤리 거버넌스 실행 모델

AI 기반 AML 시스템이 안정적으로 작동하기 위해서는 기술만큼이나 이를 관리할 수 있는 윤리 거버넌스 체계가 중요하다. 우선 'AI 윤리 위원회'를 조직해, 모델 개발 단계에서의 위험 요인을 사전에 심의하고, 운영 중 발견되는 편향 · 오작동 사례에 대해 시정 조치를 내릴 수 있도록 한다. 이 위원회는 최고 경영진, 법률 팀, 데이터 사이언스 팀, 고객 보호 부서 등으로 구성되어야 한다.

둘째, 기존 금융권에서 활용 중인 '모델 리스크 관리(MRM)' 프레임워크를 AI 특화 형태로 확장하는 'MRM 2.0' 체계 도입이 필요하다. 여기에는 데이터 드리프트, 결과 편향성, 설명 가능성 지표 등 AI 관련 검증 항목이 포함되어야 한다.

셋째, 데이터 수집부터 모델 훈련, 배포, 모니터링까지 전 과정을 기록하는 'AI 감사 트레일(Audit Trail)' 구축이 필수적이다. 이는 규제 대응뿐 아니라 내부 통제 및 보안성 확보 차원에서도 중요하다.

넷째, 레그테크(RegTech) 설루션을 통해 AI 시스템의 실시간 점검 및 자동 규정 위반 감지를 구현하는 '연속 감사 체계(Continuous Assurance)'가 강화되어야 한다. 단편적 점검이 아닌, 상시 감시 체계로 전환해야 규제 신뢰를 얻을 수 있다.

결론 및 정책 제언

AI는 AML을 보다 정교하고 효율적으로 만드는 도구이지만, 그 활용이 정당성을 갖기 위해서는 윤리와 거버넌스가 뒷받침되어야 한다. 특히 AML처럼 고위험 판단이 반복되는 분야에서는, 기술적 정밀성보다도 공정성, 책임성, 설명 가능성이 제도의 핵심으로 부상하고 있다.

정책적 측면에서는 기술의 발전 속도를 고려한 규제의 유연성이 중요하며, 동시에 글로벌 스탠다드와의 정합성도 확보해야 한다. 실무적으로는 모든 AI 프로젝트 초기 단계부터 윤리적 평가와 구조 설계를 병행하고, 투명한 운영과 책임 있는 사용을 위한 거버넌스 체계를 내재화하는 것이 바람직하다.

다음 장에서는 이러한 윤리 · 법적 과제를 기반으로, 미래 AML 시스템이 어떻게 블록체인, 사물인터넷(IoT), 멀티모달 AI 등 기술과 결합해 진화해 갈 수 있을지를 전망해 본다.

참고문헌

European Data Protection Board(2025.3.18). Artificial intelligence. Report on the use of SPE external experts in 2024, https://www.edpb.europa.eu/our-work-tools/our-documents/topic/artificial-intelligence_en

FATF(2021). Opportunities and challenges of new technologies for AML·CFT, https://www.fatf-gafi.org/content/dam/fatf-gafi/guidance/Opportunities-Challenges-of-New-Technologies-for-AML-CFT.pdf

IEEE(2021). ETHICS-2021 Special Session 6: Panel- Well-being

and ethically aligned design,
https://ieeexplore.ieee.org/document/9632707

World Economic Forum(2022.11.3.). A Policy framework for responsible limits on facial recognition use case: Law enforcement investigations (Revised 2022),
https://www.weforum.org/publications/a-policy-framework-for-responsible-limits-on-facial-recognition-use-case-law-enforcement-investigations-revised-2022/

09
미래 AML·CFT 기술과의 융합 전망

AML · CFT의 미래는 AI뿐 아니라 블록체인, IoT, 클라우드, 양자 암호 등 다양한 기술과의 융합을 통해 전면적으로 재편될 전망이다. 블록체인은 거래 추적의 투명성을 제공하고, AI는 이를 분석해 DeFi나 NFT 환경에서 고도화된 자금 세탁 기법을 탐지한다. IoT는 실시간 행동 데이터를 기반으로 비정상적 거래를 감지하지만, 개인정보 침해와 오탐 문제도 함께 제기된다. 멀티모달 AI는 텍스트, 이미지, 음성 등 다양한 데이터를 통합 분석해 보다 정밀한 AML 감시를 가능하게 한다.

AI와 화장품?

AML·CFT 기술 생태계의 확장적 진화

AI는 AML · CFT 시스템의 정밀성과 효율성을 비약적으로 향상하고 있지만, 이 기술은 단독으로 존재하지 않는다. 실제로 AML의 미래는 AI뿐만 아니라 블록체인, 사물인터넷(IoT), 멀티모달 데이터 처리, 클라우드 컴퓨팅, 양자 암호 등 이기종(heterogeneous) 기술들과의 융합을 통해 새로운 생태계를 형성하게 될 것이다. 이러한 기술 간 융합은 자금 세탁 방지의 정확도와 효율성뿐 아니라, 제도적 조정과 감독 체계 전반의 진화를 요구하게 된다. 이 장에서는 이러한 기술 융합의 경향과 그 시사점, 그리고 AML · CFT 시스템의 구조적 진화를 다각도로 조망한다.

블록체인과 AI의 융합

블록체인은 거래의 불변성과 투명성을 제공하며, 자금 흐름을 실시간으로 추적할 수 있게 한다. 반면 AI는 이러한 방대한 온체인 데이터(On-chain data)를 분석해 의심스러운 패턴을 탐지하고, 거래의 특이성을 평가하는 데 뛰어난 도구다. 두 기술의 결합은 AML 탐지의 정밀도를 획기적으로 향상할 수 있다. 특히 분산형 금융(DeFi, 디파이), NFT(Non fungible Token, 대체 불가능한 토큰)

거래, 스마트 계약 기반의 자동 결제 시스템 등에서는 블록체인 기반 추적성과 AI 기반 해석력이 동시에 요구된다.

예를 들어, 거래 내역이 블록체인상에 기록되어 있는 디파이 환경에서는 중앙 통제형 감독이 어려운데, 이때 AI는 탈중앙화 환경에서 실시간으로 지갑 간 연결성과 상호작용 구조를 파악하고, 라운드 트리핑(round-tripping), 믹싱 서비스, 플래시론(flash loan)을 활용한 고도화된 자금 세탁 기법을 탐지하는 역할을 수행할 수 있다. 향후 FATF(자금세탁방지기구) 가이드라인에서도 디파이 영역의 AML 강화 요구가 확대될 가능성이 높아지고 있으며, 주요국 규제 기관은 블록체인 기반 리스크 스코어링 체계 개발을 병행하고 있다.

IoT와 실시간 행동기반 리스크 평가

IoT 기술은 물리적 세계에서의 활동 정보를 디지털화해, 고객의 실시간 행동 데이터를 확보하는 수단이 된다. 예를 들어, 위치 기반 데이터, 기기 접속 패턴, 결제 단말기 사용 이력, 스마트워치 사용 기록 등은 고객 신원 확인 및 거래의 합리성 검증에 중요한 기준이 된다.

AI는 이와 같은 IoT 데이터를 분석해 정상적인 소비 패턴과의 괴리를 탐지할 수 있다. 실제로 일부 국가는 고가 명품 구매 시, 등록된 위치나 평소의 결제 습관과 다를 경우 의심 거래로 자동 분류하는 시스템을 도입하고 있다. IoT 기반 AML 기술은 특히 비대면 거래와 고빈도 마이크로 결제 환경에서 핵심적인 역할을 할 것으로 보이며, 향후 스마트 시티, 자율주행 결제 인프라와도 연결될 가능성이 크다.

멀티모달 AI의 도입과 진화

멀티모달 AI란 텍스트 · 음성 · 이미지 · 행동 로그 등 다양한 형태의 데이터를 동시에 분석할 수 있는 AI 기술을 의미한다. AML 문서, 거래 내역, 고객 상담 기록, 영상 모니터링, 사회관계망서비스(SNS)상의 언급 등 다양한 자료가 존재하는 AML 환경에서는 단일 채널 정보만으로는 전체 맥락 파악이 어려운 경우가 많다.

멀티모달 AI는 이기종 데이터를 통합적으로 분석함으로써 의심 거래를 보다 정교하게 식별할 수 있다. 예를 들어, 텍스트 기반 채팅 이력과 금융 거래 간의 상관성을 분석해, 자금 세탁을 위해 협업하는 집단(예: 사기 조직)을 조기 탐지하거나, 이미지와 위치 정보가 첨부된 전자 영수증을 기반으로 허위 결제를 적발하는 시스템이 가능해진다. 이 기술은 AI의 인간 감각 모방 능력을 한층 끌어올리며, 궁극적으로는 "콘텍스트 인식형 AML 시스템"으로 진화할 수 있는 가능성을 내포하고 있다.

자율 탐지 시스템과 자기 학습형 AML의 확대

AML 시스템은 점차 규칙 기반 시스템에서 벗어나, 자율적으로 이상 거래를 학습하고 감지하는 방향으로 진화하고 있다. 자기 학습형 AML 시스템은 감독 기관 또는 감사 팀이 명시적으로 룰을 지정하지 않아도, 거래의 정상성과 이상성을 스스로 학습해 판단하는 모델로 발전 중이다. 이는 특히 새로운 범죄 패턴이나 우회 수법에 대해 즉각 대응할 수 있는 강점을 지닌다.

예를 들어, 팬데믹이나 지정학적 리스크, 특정 국가 제재 이슈 등으로 인해 글로벌 거래망에 급변이 발생할 경우, 기존 규칙 기반 시스템은 새로운 거래 유형을 인지하지 못하지만, 자기 학습형 모델은 반복 · 군집 · 분포의 변화를 기반으로 새로운 이상 패턴을 감지할 수 있다. 동시에, 이들 모델은 스스로 적절한 리스크 경고 임곗값을 조정해 오탐률을 줄이는 방향으로 최적화되기도 한다.

물론 자기 학습형 시스템에 대해서는 '오탐과 과잉 경

고'의 위험과 함께, 감독 기관이 수용할 수 있는 수준의 설명 가능성 확보가 필요하다. 따라서 이들 시스템에는 내부 모델 검증 체계, 이상 탐지 규칙의 반자동 추출 및 검토 도구, 외부 감사 프로세스를 포함한 거버넌스 체계가 함께 요구된다.

클라우드와 양자 암호 기술의 잠재력

클라우드 인프라의 활용은 AML 기술의 확장성을 크게 높이고 있다. 대용량 이상 거래 탐지를 위한 고성능 연산, 실시간 거래 모니터링, 글로벌 금융 기관 간 협업 환경 등은 모두 클라우드 기반에서 보다 안정적으로 구현될 수 있다. 동시에, 다기관 데이터 공유 시 클라우드 보안이 중요해짐에 따라 프라이버시 강화 기술과 클라우드 컴플라이언스 체계가 함께 발전하고 있다.

한편, 양자 암호 기술(Quantum Cryptography)은 거래 정보 보호 및 AML 데이터 보안 강화 측면에서 차세대 인프라로 주목받고 있다. 특히 블록체인상의 암호화 키와 AML 시스템의 민감 정보가 양자컴퓨터의 역연산 공격으로부터 안전하지 않다는 점이 지적되며, 주요 글로벌 은행들은 양자 안전성 확보를 위한 알고리즘 교체 및 시뮬레이션을 진행 중이다.

기술 융합을 위한 AML 거버넌스의 재정립

기술 융합이 진전될수록 AML · CFT 시스템의 구조는 더욱 복잡해질 것이다. 따라서 금융 기관과 감독 기관은 단순한 기술 채택을 넘어, 기술 통합의 목적과 방법, 책임 구조, 감시 체계 등을 재설계할 필요가 있다. 특히 다음과 같은 거버넌스 요소가 요구된다.

기술 간 데이터 연계 기준 및 해석 일관성 확보.

AI-블록체인-IoT 시스템 간 상호 운용성을 위한 기술 표준 마련.

자율 학습 모델에 대한 윤리 검증 및 사전 승인 프로세스.

글로벌 규제 당국 간 기술 협력과 공동 감독 체계 구축.

감독 기관의 기술 전문성 강화 및 샌드박스 실험 확대.

AML의 미래는 기술적 진보와 함께 반드시 제도적 조정과 통합을 전제로 해야만 실현 가능하다. 기술 융합이 만들어 낸 새로운 AML 환경은 단순히 기존 업무의 자동화 수준을 넘어, 전면적인 금융 범죄 대응 패러다임의 전환을 요구하고 있다. 다음 장에서는 이러한 기술 융합의 거버넌스 확장을 위한 글로벌 협력과 표준화 동향을 살펴본다.

참고문헌

IBM(2024). ICAIF 2024. Identifying money laundering subgraphs on the blockchain, https://research.ibm.com/publications/identifying-money-laundering-subgraphs-on-the-blockchain

McKinsey & Company(2024.12.9). Extracting value from AI in banking: Rewiring the enterprise, https://www.mckinsey.com/industries/financial-services/our-insights/extracting-value-from-ai-in-banking-rewiring-the-enterprise

NIST. Post-Quantum cryptography standardization, https://csrc.nist.gov/projects/post-quantum-cryptography/post-quantum-cryptography-standardization

10
글로벌 협력과 표준화를 통한 AML·CFT의 미래 구축

ISO · IEEE 등은 '설명 가능성'과 '편향 최소화' 같은 AI-AML 국제 인증 체계를 추진해 알고리즘의 신뢰성을 담보하고, 'AML 기술 감사'라는 새로운 시장도 열리고 있다. 글로벌 송금망과 국제 은행들은 이상 거래 시 실시간 공동 대응과 손해 분담 규정을 마련하며 '공동 책임' 프레임워크를 확장하고 있다. 궁극적으로 AML · CFT의 미래는 국제 표준화와 협력적 거버넌스를 통해 투명하고 범죄로부터 자유로운 금융 질서를 구축하는 데 달려 있다.

종교와 AI?

기술 융합 시대의 글로벌 AML 정합성 확보

AI, 블록체인, 사물인터넷(IoT) 등 다양한 기술이 AML · CFT 체계에 통합되면서, 각국 규제 당국 간 기준과 접근 방식의 차이가 더욱 두드러지고 있다. 기술은 국경을 넘지만, 규제는 국가별로 다르기 때문에 글로벌 금융 생태계에서는 '정합성 있는 AML 거버넌스'가 필수 과제가 되고 있다.

특히 AML 관련 기술의 발전은 국가 간 불균형을 심화하기도 한다. 일부 국가는 고도화된 AI 시스템을 운영하고 있으나, 여전히 많은 국가는 수작업 기반의 AML 절차에 의존하고 있다. 이 같은 기술 격차는 규제 우회 및 범죄 조직의 악용 가능성을 확대한다. 따라서 이 장에서는 국제기구의 역할, 국가 간 협력 모델, 기술 표준화 흐름, 글로벌 리스크 분담 체계 등을 다층적으로 조명하고, 이질적 시스템 간의 연계를 위한 전략을 제안하고자 한다.

국제기구의 역할과 기준 설정

FATF(자금세탁방지기구), IMF(국제통화기금), OECD(경제협력개발기구), UNODC(유엔마약범죄사무소) 등은 AML 국제 기준 마련에 핵심 역할을 수행하고 있으며, 기술 발전을 반영한 새로운 가이드라인을 지속적으로 발표하고 있다.

예를 들어 FATF는 디지털 자산 사업자(VASP)에 대한 감독 기준을 신설하고, 여행 규칙(Travel Rule)의 기술 구현 방식까지 구체적으로 안내하고 있다. 이는 가상 자산을 활용한 자금 세탁 수법에 대응하기 위한 최소한의 감독 메커니즘으로 자리 잡고 있으며, 다수 국가의 입법에 직접 반영되고 있다.

특히 최근 FATF는 AI 및 머신 러닝의 AML 활용에 대한 연구 보고서를 통해, 설명 가능성, 윤리, 모델 검증 등에 관한 국제 공통 원칙을 제안하고 있다. 이 원칙은 기술의 활용 자체를 금지하기보다는, 신뢰 가능한 사용을 위한 검증 체계와 투명성 확보를 중심으로 구성되어 있으며, 향후 AI 기반 금융 감독에 대한 표준화 논의의 출발점이 될 것이다.

양자 협력 및 지역 협력 모델

국가 간 협력은 양자 협정에서부터 다자 간 정보 공유 체계까지 다양한 수준에서 전개된다. 예를 들어 미국과 유럽연합(EU)은 금융 정보 교환을 위한 특별 협약을 체결하고 있으며, 싱가포르와 일본은 공동 AI 기반 AML 기술 실증을 진행하고 있다.

동아시아에서는 한국 · 중국 · 일본 간 AML 공조 회의가 정례화되고 있고, 아세안 금융 당국은 공동으로 디지털 리스크 평가 도구를 개발 중이다. 이러한 지역 단위 협력은 문화적, 법제적 유사성을 바탕으로 상호 운영 가능한 기술 프레임워크를 만들 수 있는 기반이 된다.

한편 아프리카, 중남미, 중동 등 규제 인프라가 미흡한 지역에서는 기술 이전, 공동 교육, 국제 자금 지원 형태의 협력이 보다 효과적일 수 있다. AML 기술은 단순히 도입보다도 활용 역량이 중요한 만큼, 이러한 국가 간 '기술 공공재' 모델에 대한 논의도 필요하다.

글로벌 표준화와 인증 체계 구축

기술 기반 AML 시스템이 확대될수록, 알고리즘의 정확성 · 보안성 · 윤리성에 대한 신뢰 확보가 중요해진다. 이를 위해 ISO(International Organization for Standardization, 국제표준화기구), IEEE(전기전자공학자협회), ITU(International Telecommunication Union, 국제전기통신연합) 등 국제 표준 기관들은 AML 관련 기술의 검증 · 인증 체계를 수립 중이다.

예컨대, AI 기반 AML 시스템의 경우 "설명 가능성 수준 인증", "모델 리스크 관리 적합성 인증", "편향 최소화 인증" 등 다양한 형태의 국제 인증이 추진되고 있으며, 일부는 실제 감독 기준에 편입될 조짐을 보이고 있다.

또 글로벌 결제망 또는 가상 자산 송금 플랫폼 등은 제3자 검증 기관(TPP, Third Party Payment)을 통한 기술 적격성 평가를 요구받고 있으며, 이 과정에서 기술적 독립성과 객관성 확보가 중요한 이슈로 부각되고 있다. 향후에는 'AML 기술 감사'라는 새로운 인증 시장이 형성될 가능성도 존재하며, 이는 레그테크(RegTech) 기업뿐 아니라 회계 · 법률 전문가들에게도 새로운 시장을 열어 줄 수 있다.

글로벌 리스크 분담 체계와 공동 책임 모델

AML 실패는 단일 금융 기관의 문제가 아니라 글로벌 금융 시장의 연쇄적 리스크를 야기할 수 있다. 이에 따라 최근에는 국가 간 또는 금융 기관 간 리스크 분담 및 공동 책임 메커니즘에 대한 논의가 활발하다.

예를 들어, 국제 송금 플랫폼을 운영하는 민간 연합체에서는 AML 실패 시 손해 분담 규정, 기술 오류에 대한 보험 제도, 공동 책임 보고 체계를 마련하고 있다. 일부 국제 은행은 타국 은행과의 신뢰 관계를 기반으로, 이상 거래 발생 시 실시간 통보 및 공동 검토 프로세스를 구축하고 있으며, '연합 기반 AML 센터'를 설립해 데이터를 공동 분석하는 방식도 시도되고 있다.

국경을 초월한 자금 흐름의 경우, 송금자-수취자-중개 은행 간 AML 모니터링 책임 분담이 명확치 않은 상황이 빈번하다. 이로 인해 범죄 자금이 시스템의 경계선에서 사각지대를 형성하기도 한다. 따라서 AML 공동 책임 프레임워크는 단순한 리스크 이전을 넘어, 사전 책임 배분과 사건 발생 후의 실시간 조치 체계를 포함하는 종합적 구조로 발전해야 한다.

결론 및 정책 제언

AML · CFT의 미래는 개별 국가나 기술이 아닌, '글로벌 협력'과 '표준화된 신뢰 구조'를 통해 구축될 것이다. 이를 위해 정책 당국과 금융 기관은 다음과 같은 방향을 추구해야 한다.

국제 기준과 국내 정책의 정합성 확보를 위한 법령 정비.

기술 기반 AML 시스템에 대한 국제 인증 확보와 지속적 감사 체계 마련.

글로벌 협력 플랫폼 참여 확대: FATF, GFIN(Global Financial Innovation Network), 에그몽 그룹(Egmont

Group) 등

다국적 거래 시 AML 공동 책임 계약 체계 표준화 및 분쟁 조정 기구 설립.

특히 향후에는 기술 감독과 정책 형성이 더욱 밀접하게 연결될 것이다. 기술을 활용한 AML이 기존 시스템을 대체하거나 보완하는 단계를 넘어, '규제 설계의 출발점'이 되는 전환이 예상된다. 이 과정에서 각국 감독 기관의 기술 감수성, 국제기구의 중재 기능, 민간 기술 기업의 책임 의식이 조화를 이루는 글로벌 생태계가 필수적으로 구축되어야 한다.

이처럼 기술-정책-국제 협력의 삼각 구도는 AML의 지속 가능성과 정당성을 뒷받침하는 핵심 축이 될 것이며, 궁극적으로는 범죄로부터 자유롭고 투명한 금융 질서로 나아가기 위한 기반을 제공할 것이다.

참고문헌

Egmont Group(2022.7). The 2022-2027 Egmont Group strategic plan, https://egmontgroup.org/wp-content/uploads/2022/08/33.-Egmont-Group-Strategic-Plan-2022-2027-1.pdf

FATF(2022. 개정 2025). FATF recommendations: International

standards on combating money laundering and the financing of terrorism & proliferation,
https://www.fatf-gafi.org/en/publications/Fatfrecommendations/Fatf-recommendations.html

Global Financial Innovation Network(GFIN)(2023). Cross-border testing reports,
https://www.thegfin.com/cross-border-testing

ISO/IEC JTC 1/SC 42(2023). Artificial Intelligence – Use Cases and Framework,
https://www.iso.org/committee/6794475.html

OECD. Data flows and governance,
https://www.oecd.org/en/topics/data-flows-and-governance.html

임명수

핀테크 전문 신문인 《핀테크투데이》의 대표이자 발행인이며, 한국열린사이버대학교 AI융합학과 특임교수와 사단법인 한국핀테크학회 감사, 사단법인 디지털융합산업협회 부회장으로 재직 중이다. 가톨릭관동대학교 창업대학원에서 기술창업을 전공해 기술창업 석사 학위를 취득했으며, IBK기업은행에서 20년 근무하고 IMF 상황에 퇴직해 핀테크회사 등 10여 개의 회사를 창업해 운영했다. 서울블록체인지원센터 센터장을 지냈고, 서울청년창업사관학교 코치를 지내는 등 청년 창업의 일선에서 활동했다. 핀테크의 전도사를 자임해 '핀테크의 아버지'라는 별명을 가지고 있기도 하다. 은행 재직 중에는 《어느 은행원의 세상 바라보기》라는 시집을 내기도 했으며, 단편영화를 제작하기도 했다. 최근에는 블록체인계의 전문가들과 함께 《디지털 부자가 꼭 알아야 할 NFT》라는 암호 화폐 관련 실용서와 《AI 핀테크와 재테크》, 《AI와 신앙생활》을 출간하고, 블록체인 관련 각종 단체에 가입해 활동하는 등 블록체인 및 핀테크 영역의 확산에 힘을 쏟고 있다.